ブレないスポーツ報道

津田俊樹

ネット時代のジャーナリズムを問う!

言視舎

まえがき

スマートフォンばかりでなく、たまには、新聞を手にしてみませんか。

「あれ、随分軽くなったな」

久しぶりの人ほど、驚きが大きいでしょう。紙面の内容ではありません。文字通り、持った瞬間の感触、重さです。

40ページから30前後に減り、今や、連日20ページ半ばの紙面立てのところもあります。各社は新聞離れのボディブローを食らい、経営の足取りがふらつき、「紙」を減らして、ピンチをしのごうとしています。経費節減のためですが、土俵がどんどん狭くなっています。肝心の中身まで薄くなってはなりません。踏ん張りどころです。

忘れられない日があります。

2018年5月6日、東京・調布市のアミノバイタルフィールドで、大学アメリカンフットボールの日大―関学大の定期戦が行われ、日大の選手が悪質タックルを仕掛け、関学大の選手にケガを負わせました。

試合終了直後から、動画サイトに衝撃的な映像がアップされ、ＳＮＳ（ソーシャル・ネットワーキング・サービス）によって拡散しました。新聞は、そのスピードについていけませんでした。半年が過ぎても、アメフト担当記者は「こんな大騒ぎになるとは思わなかった」と振り返っています。この感覚では、時代に取り残されてしまいます。

オイシイ映像があるにもかかわらず、テレビ局も出遅れました。なんとか、後れを取り戻そうと、事実関係が判明していないにもかかわらず、選手は「善」、指導者は「悪」という単純な構図を作り上げていきます。イメージ先行、学生を虐げる大学組織を叩く勧善懲悪のパターンです。中途半端では、視聴率を稼げないという思惑から、視聴者をあらぬ方向に導いたのではないでしょうか。

結局、日大関係者は捜査当局から立件されませんでした。連日のように取り上げた情報番組は、もう終わったこととして知らんぷり、変わり身の早さはいつも通りです。

一連の悪質タックル問題に関する報道で、新聞、テレビというオールドメディアはＳＮＳに敗北しました。その象徴的な出来事として記憶に留めおかなければなりません。

忘れてはならない日があります。

１９８０年5月24日です。奇しくも同じ5月です。この日、日本オリンピック委員会（Ｊ

OC）は総会を開き、モスクワ五輪をボイコットする決議を下しました。

ソ連（当時）のアフガニスタン侵攻に反発したアメリカのカーター大統領が西側同盟国に不参加を呼びかけました。日本政府から補助金支給ストップの重圧をかけられたＪＯＣは混迷します。エントリー締め切りが迫る5月24日の会議で採決がとられ、29対13で不参加の道を選びました。

政治に屈したＪＯＣの「一番長い日」の正式な議事録は残っていません。今回、総会出席者に取材したところ「29対13で間違いない」との証言を得ましたが、非公開だったため、裏付ける資料はなく、40年近くが経過しても確証はありません。報道に携わる者の一人として責任を感じています。

当時は入社5年目、紙面編集の内勤記者でした。男子マラソンの金メダル候補の瀬古利彦選手が出場できなくなり、「せっかくオリンピックを目指して頑張ってきたのに」と読者感覚でニュースに接していました。

その後、スポーツ担当となり、１９９２年アルベールビル冬季、同年バルセロナ夏季五輪などの現場を踏みました。目の前のことばかりを追い、モスクワ五輪ボイコットは消え去っていました。

ＪＯＣ総務主事として総会を仕切った岡野俊一郎・元国際オリンピック委員会（ＩＯＣ）委員らに、あの日何があったのか、いくらでも取材するチャンスがありながら、抜け落ちてしまいました。総会出席者の多くは鬼籍に入りました。痛恨の極みです。

２０２０年東京五輪・パラリンピックが近づくにつれ、ボクシング、レスリング、体操などの不祥事が次々と明らかになりました。

ＪＯＣや各競技団体に任せておいて大丈夫なのか、国の介入が必要ではないのか、という声が強まり、スポーツ庁の主導で「スポーツ政策の推進に関する円卓会議」なるものが発足しました。再び「民」の独立、存在意義が問われているのに、新聞の論調は好意的です。

スポーツメディアには、美談仕立て、感動の安売りの伝え方が見受けられます。今こそ、読者、視聴者のために、ブレない報道をするときです。反省、自戒を込めて、問題点を探ります。

※なお本文で言及した人物の肩書き、年齢等は、その当時のものです。

目次

第3章　スポーツ現場の「不都合な真実」を追う　104

第4章　2020年東京五輪は大丈夫か?　149

第1章

「悪質タックル」の行方

あの騒ぎは一体、何だったのでしょうか。日大アメリカンフットボール部の悪質タックル問題です。

▼試合終了直後から衝撃映像

衝撃的な映像がインターネットの動画サイト「ユーチューブ」にアップされ、瞬く間に拡散していきました。後追いする新聞、視聴率稼ぎに走るテレビが、もがき苦しみます。善と悪、二者択一の報道で、安易に答えを出そうとしました。事実を追及するのではなく、情に寄りかかり、あらぬ方向に走り出すと、もう止まりません。

２０１８年5月6日、日大と関学大の定期戦が東京・調布市のアミノバイタルフィールドで行われました。試合開始早々、日大のディフェンスライン（ＤＬ）の宮川泰介選手が、パスを投げ終えた関学大のクオーターバック（ＱＢ）奥野耕世選手に背後から強烈なタックルで襲いかかりました。身体を「くの字」にして倒れたＱＢは、しばらくフィールドを離れざるを得ませんでした。

一旦、プレーが止まると選手は力を緩めます。その瞬間に突っ込まれると防ぎようがなく、まともに衝撃を受けてしまいます。故意に相手を傷つける絶対にやってはいけない悪質なタックルでしたが、審判はプレーを続けさせ、日大の内田正人監督や井上奨コーチもサイドラインに戻しませんでした。宮川選手は、さらに反則を重ね、相手選手をヘルメットの上から殴った時点で、資格没収、退場処分になりました。

いきなり不穏なムードになりましたが、試合は最後まで行われ、関学大が21－14で勝ちました。終了後から、波紋が広がります。動画サイトのユーチューブにタックルの衝撃的な映像がアップされたからです。

これは大変なことになる、両チームの選手、コーチ、審判はどう対応する？　さまざまな思いを巡らせていると、アメフト関係者から電話が入りました。

「さっきから何度も動画を見ていますけど、だんだん怖くなってきました」

「審判の目の前でしょ。一発退場なのに、そのままプレーさせている。その後、別の選手に手を出したところでアウトなんて、ゲームコントロールができていません。関学は最後まで試合を続けたけど、抗議もしていないんじゃないかな」

日ごろ冷静沈着なのに珍しく語気を荒げています。怒りを抑え切れないのでしょう。

「学生王者のチームがこんなプレーをするなんて。伝統の赤のユニフォームを汚す行為ですよ」

「新聞がどう取り上げるのか、注目しています。関東の記者さんは、なかなか大学アメフトのことを書いてくれないけど、単に、アメフト界にとどまるような問題ではないですからね。こういう時こそ、しっかり取材してほしい」

一気に捲くし立てられました。すべて、その通りです。携帯をデスクに置き、手元のタブレットに目を移すと、さまざまなコメント、フェイクニュース的なものまでが流れ、どんどん拡散していきます。

炎上です。改めて、ＳＮＳの情報伝達の速さ、伝播力を思い知らされました。

宮川選手は学生日本代表メンバーに選ばれる屈指のＤＬです。２０１７年12月の大学日本一を決める甲子園ボウルで、日大は23－17で関学大を破り、27年ぶり21回目の優勝を成し遂げたときも、母校の王座奪回に貢献しています。

アメフトの面白さ、怖さを後輩たちに伝えていく技量と精神力を兼ね備え、越えてはならない「一線」を理解しているトップレベルの選手です。経験不足で、自分をアピールしようと力み過ぎ、周囲が見えていなかったのではありません。

それほどの選手が、あそこまでやるでしょうか。

▼怒りの矛先は

インターネット上に真偽不明のさまざまな情報が飛び交うなか、新聞社系サイトでは日刊スポーツが試合当夜、「関学大・鳥内監督『話にならん』日大に雪辱も不満」と見出しの記事をアップさせました。

関学大はミスにつけ込んで先制し、一発ＴＤ２本で勝利も、鳥内監督は不満が口をついた。「たまたま点が入っただけや。ＯＬはつぶれているだけ。ランにこだわっていたが話にならん」。攻撃はラン、パスとも日大を下回り、後半は無得点に口をとがらせた。

序盤で先発QB奥野が日大の反則で負傷し、後半復帰も思惑が狂った。「あいつのための試合だったのに」とご機嫌ななめだった。

日大は昨季1年で大活躍QBの林も、ライスボウルでのケガからまだ復帰させていない。控えや若手を多く起用したが、3年QB2人のパスに決定力を欠いた。内田監督は「うちはこんなもの。今はリーグ5、6位の実力で連覇はきつい。トップと思わず、下から上がっていくだけ」と敗戦に納得していた。

最初の守備でDLが、不必要なラフプレーの反則を連発した。さらにプレー後に相手を殴って、資格没収＝退場となった。「力がないから、厳しくプレッシャーをかけている。待ちでなく、攻めて戦わないと。選手も必死。あれぐらいやっていかないと勝てない。やらせている私の責任」と独自の持論を展開した。

この記事によると、鳥内秀晃監督がご機嫌ななめだったのは、関学大のオフェンスについてです。試合前に考えていた戦術通りにいかなかったからです。奥野選手に触れていますが、悪質タックルについては抗議していません。

一方、内田監督のコメントからは、ラフプレーを指示したともとれます。「独自の持論を展開」という表現に、やり過ぎでは、という記者の思いが込められています。

関学大の鳥内監督やコーチ陣はＱＢが投げたボールの行方を追っていたため、問題のシーンを把握していなかったとのことです。目撃していないのですから、学生を守るために抗議や試合を中止するなどの考えに及びません。何事もなかったかのように、最後までプレーを続けて関西へ引き揚げました。

端緒はネットにアップされた動画です。

動かぬ証拠となる衝撃的な映像に「明らかなレイトヒット」「なぜ、日大に抗議しないのか」などのコメントが輪をかけます。ＳＮＳのインパクトの強さに押されて、関学大は事実関係の確認に動き始めました。

▼関東学連の処分を受けて

翌７日が新聞休刊日だったからでしょうか、ネットとの情報格差が広がるばかりでした。

もちろん、テレビ局は無視です。

ようやく、朝日新聞が11日付のスポーツ面に記事を掲載しました。

アメリカンフットボールの関東学生連盟は10日、日大と関学の定期戦（6日、東京・アミノバイタルフィールド）で3度の反則行為をし、退場処分を受けた日大守備選手に対して、対外試合出場を禁止する処分を発表した。連盟による選手への処分は極めて異例。

出場禁止期間は今月中にも理事会内に設置される規律委員会で調査を行い、追加処分が決まるまで、としている。日大の指導者（内田正人監督）に対しても指導者責任があるとして厳重注意した。

短く、小さな扱いでしたが、新聞紙上で「悪質タックル」に触れたのは初めてでした。この記事をきっかけに各社は、関学大の抗議文送付、記者会見などの記事をスポーツ面だけでなく、社会面、時には1面で大きく展開して、社説のテーマにもなりました。

「日大はなぜ説明せぬ」

①衆人環視の下で悪質行為が行われたのに、大学や指導者から責任ある説明がない。

②日大の内田監督が反則行為を容認していたのでは、との疑問が生じている点は看過

できない。「監督が指示していた」と話す関係者がおり、試合後には「これがうちのやり方」との監督の発言も報じられた。それだけに、日大は経緯を速やかに説明し、誠意ある対応を図るべきだ。

③学内調査で監督は自らの指示を否定し、「指導者による指導と選手の受け取り方に乖離《かいり》が起きていた」と説明した。選手が曲解したと言わんばかりだが、実態はどうなのか。監督自身が公の場で一切語らないようでは、関学大が不信感を募らせるのも無理はない。

④日大は伝統校で発言力もある。だからといって真相究明に腰を引いてはならない。

（18年5月18日　毎日新聞社説要約）

「徹底した解明が必要だ」

①関学大がチームとしての見解を求めたが、日大の回答はおよそ納得できるものではない。

②誰が、どうやって調査しているのか不明。内田氏は監督であるばかりでなく、5人いる常務理事の1人として、学内の人事を担当している。すべての関係者が不安や

遠慮なく事実を話せるように、弁護士ら公平中立な第三者を中心とする調査態勢を築くのが社会の常識。

③安全管理の徹底は大きな課題ながら、大学スポーツは個々の大学や指導者任せになっている。指導者も、旧態依然とした意識や手法を引きずる人が少なくない。

④スポーツ庁を中心に、大学スポーツのあり方を考える横断的な組織づくりが検討されるなか、時代にふさわしい運動部の運営と指導につなげるためにも、今回の問題を中途半端な形で終わらせることはできない。

（18年5月19日　朝日新聞社説要約）

両紙とも、日大側に事実関係の徹底解明、統括する関東学連にはリーダーシップを発揮するよう求めています。朝日はスポーツ庁の関与に触れましたが、同庁の鈴木大地長官が「このタックルはいかがなものか」というツイッターに投稿して、反響を呼びました。新聞各紙は鈴木長官の定例会見で「非常に危険なタックル。どういう考えでプレーに至ったのかを探り、安心、安全なスポーツ環境を整備していくことが重要だ」という発言を引き出しますが、二番煎じでした。

ＳＮＳは日大、関学大の当事者さえ置き去りにして、突っ走ります。質は別にして、圧倒的な量で流れを作り、メディアを席巻しました。「紙」が終わり、ネットの時代という声が強まっていますが、まざまざと主役交代をみせつけました。

自社サイトやツイッターで報じた新聞社からは、やることはやっている、紙面とネットで分けることが古い、と反論されるかもしれません。でも、悪質タックル問題はメディアが転機に差しかかっているのを思い知らされる〝事件〟になったのです。

▼衝撃映像に飛びつくテレビ局

アメフトに関心、興味を示さなかったテレビ局が、ようやく動き出します。

パス失敗で審判の笛が鳴り、プレーが終わったのに日大ＤＬが後方からタックルにいき、たまらず倒れる関学大ＱＢ。決定的瞬間の動画が連日、朝、昼のワイドショーで繰り返し流されました。

コメンテーターといわれる出演者から、無責任で的外れな発言を耳にしました。一度でもアメフトを見たことがあるのかな、と首を傾げました。それより、驚き、呆れたのは、学生時代にプレー経験があると紹介された記者の発言でした。

「今回の件で、アメフトが危険なスポーツと思われるのが辛くて、悲しい」

危険だからこそ、日常的に身体を鍛え、ヘルメットをかぶり、防具を着けています。それでも、試合中にけが人は出ます。各チームともドクターをはじめ救護班が待機しています。重症を負う悲劇的なシーンを目の当たりにしたこともあります。

再発防止のためにルール改正してもアクシデントは起こります。アメフトに関われば分かります。危険なスポーツというイメージダウンを避けたかったのかもしれませんが、経験者と名乗りながら、実態を覆い隠して伝えるのはジャーナリストではありません。

はっきりいって、受け狙いです。スタジオは感情を高ぶらせながらのコメントに〝お涙頂戴〟となり、盛り上がります。瞬間視聴率が1%か2%かアップしたのでしょうか。エモーショナルな発言によって、本質からどんどん離れていってしまいました。

また、評論家という肩書で登場した人物が、日大―関学大の定期戦を「春のオープン戦なのに、こんなことが起きるなんて」と位置付けました。関学大OBは、よほど我慢がならなかったのでしょう。「この人、分かっていませんね」と連絡してきました。

「定期戦は公式戦です。新戦力を試す機会ですが、選手の意気込みは変わりません。オープン戦だからなんて思っていたら、それこそケガしてしまいます。第一、日大さんに失礼じゃないですか。あちらだって、同じ気持ちでぶつかってきているはずです」

悪質タックル問題経過表

2018年5月6日	日大ー関学大定期戦で日大DLが関学大QBにケガ負わす
5月10日	関学大、日大に抗議文送る
5月17日	関学大、日大の回答不服、再回答求める
5月22日	日大DL会見「監督とコーチの指示」
5月23日	日大監督とコーチ会見「指示を否定」
5月29日	関東学連、日大の監督とコーチを除名。当該選手出場停止
5月31日	関学大選手側、傷害容疑で2人を告発
6月29日	日大第三者委員会、2人の指示認定
7月30日	日大、監督とコーチの解雇を決定
10月4日	日大DL、チームに復帰
11月13日	警視庁、2人の立件見送りの報道
12月16日	関学大、甲子園ボウル制覇
2019年1月9日	関東学連、日大と当該選手の出場停止解除承認

1967年に始まった51回の伝統を誇る定期戦は真剣勝負で、調整などではありません。ミスリードが続きました。一番、知りたいのは選手自身が暴走したのか、それとも、監督、コーチの指示があったのか、ポイントはそこです。

▼大谷会見を上回る報道陣

「監督、コーチから指示された」

多くの人は、そう思ったかもしれませんが、当初から疑問を持っていました。なぜあれほどまでの悪質なタックルを実行するのか、厳命されたとしても踏みとどまるのでは、と。

宮川選手は2018年5月22日、日本記者クラブで記者会見しました。報道陣の数は358人に達しました。ちなみに、この年の11月に開かれた米大リーグ、エンゼルスの大谷翔平選手の帰国会見は312人でした。
同クラブは原則、弁護士同席を認めていませんが、20歳、大学3年生（いずれも当時）を考慮して特例の措置がとられました。いざ始まると、ほとんど自ら対応しました。目を開けていられないほどのフラッシュを浴び、一挙手一投足をテレビカメラに追いかけられても堂々としていました。

「やる気があるのか、ないのか分からない。試合に出さない。辞めてもいい」（5月3日の練習で内田監督から練習を外される）
「『（18年6月・中国　大学世界選手権）日本代表にいっちゃダメだよ』と言われた」（4日、内田監督）
「相手のQBを1プレー目で潰せば出してやる」（5日、井上コーチから内田監督の言葉を伝えられた）
「『QBを潰しにいくんで僕を使ってください』と監督に言いにいけ。相手のQBがケガをして秋の試合に出られなかったらこっちの得だろ。髪型を坊主にしてこい」（5日、井上コーチ）

「やらなきゃ意味ないよ」（6日、内田監督）
「できませんでしたじゃ、済まされないぞ。分かっているな」（6日、井上コーチ）
「関学との定期戦がなくなってもいいだろう」（8日、井上コーチ）

質問に丁寧に答え、清々しさを印象付ける完璧な会見でした。一部には、前日までに弁護士だけでなく、内田監督と一線を画す日大ＯＢに関学大関係者までが加わり、想定問答集を作って対応した、という情報がありました。

直接的加害者ではあるけれど、心身ともに追い詰められ、仕方なく悪質タックルに及んだ、という流れができ、世論を味方につけました。

「潰してこい」というフレーズが抜き出されます。フェアプレー精神を尊ぶスポーツで指導者が口にするとは、とんでもないと内田監督、井上コーチへのバッシングが高まります。

▼ＱＢはターゲット

アメフトは、闘争心を奮い立たせてフィールドへ向かいます。身体と身体をぶつけ合うコンタクトスポーツである以上、厳しい言葉に背中を押され、覚悟を決めてプレーします。

ディフェンス陣にとって、相手ＱＢはターゲットの一人ですから、他のチームのコーチでも、同じようなニュアンスの叱咤を口にします。ＱＢに好き勝手にやられると、「殺してこんかい」と、もっと激しい言葉が飛ぶことさえあります。

「毎試合、毎試合怖かったです。特に、キックオフの時間が近づいてくるとね。気持ちが高ぶって涙を流すヤツがいます。私もそうでした。相手を打ちのめす、叩き潰すという気迫がなければできません」

ある大学のＯＢは現役時代を思い出しながら続けます。

「ルールのあるケンカですからね。『死んでこい』とか、とにかく物騒な言葉が飛び交ったものです。今は笑って話せますけど、当時は、みんな真剣でした」

実力拮抗のライバル校同士の対戦になると、自宅に両親宛ての遺書を置いてくる選手がいるという話を聞いたことがあります。

「お父さん、お母さん、今までありがとう。先立つ不孝を許してください」

現物をみたことはありません。まことしやかに語られる伝説ですが、精神的に追い込んでフィールドに立つという意味合いです。そういう気概を持ち、命をかけて臨んでいます。だからこそ、勝利に向かって一丸となるための闘争心、自己犠牲が不可欠になるのです。

時には、感情が高ぶり過ぎて、身体が思ったように動かず、持っている力の半分も出せないケースがあります。身を削るコンタクトスポーツでは起こり得ます。

精神論を振り回すな、時代遅れ、もっと楽しくやればいいのに、という批判があるかもしれません。シーズンが始まると、首、肩、腰、両足などにダメージを受けます。試合に出場するためには痛み止めの薬が必要となります。それでも激痛が走れば、あとは気力しかありません。

それがいけないのでしょうか。他の大学も心身ともにギリギリのところで戦っていますから、敵の選手であっても、敬意を払い尊敬するのです。喜びだけでなく、辛さ、痛み、怖さなどを共有する仲間ですから。

宮川選手のように修羅場を踏んできた選手なら、十分、分かっていたのではないでしょうか。

▼善悪の構図

一方の内田、井上両氏は5月23日、日大会館で会見しました。

内田監督「信じてもらえないかもしれないが、私の指示ではない」
井上コーチ「『潰してこい』と言ったのは真実です。ただ、ケガをさせる目的ではなかった」
では、選手が暴走したのでしょうか。
内田監督「ルールの中でやるのが基本。まさか、ああいうことになってしまうとは予想できなかった」
井上コーチ「彼が重圧を受け、目の前が見えなくなったのかも。（ケガをさせろと言ったのか）記憶にない」
なぜ、サイドラインに呼び戻さなかったのでしょうか。
内田監督「そのプレーを見ていなかった。ビデオで確認した」
井上コーチ「見ていたが、私の想定とは違うと思った。『がむしゃらにやってほしい』ということで継続して出した」
宮川発言を否定します。「潰してこい」と言ったのは認めるが、気合を入れてプレーしろ、という指示であって特別な意図はないと繰り返します。

日大第三者委・ 関東学連		警　視　庁
内田、井上が指示	悪質タックル	確認できず
ケガさせて構わない	QB を潰せ	気合入れろという叱咤
井上 サイドラインで目撃	タックルの瞬間	内田は見ていない
解雇・永久追放	判　　断	立件せず

（敬称略、新聞各紙参考）

否定すればするほど、報道陣の追及が激しくなり、大学側の拙い進行が、一層、足を引っ張ります。「相手をケガさせる危険なプレーをするよう、前途ある学生を追い込んだ。悪いのは、あなたたちだ」と先入観で質問しているように聞こえました。

若者が真摯に答えているのに、大人が言い逃れしている、何しろ〝昨日の今日〟ですから。「選手は善、監督・コーチは悪」という分かりやすい構図ができあがりました。

▼立ち止まって振り返る

読者や視聴者が二つの会見を比べて、どう思うかは自由ですが、メディアが頭からこうだと決めつけて、そのシナリオに合わないものは切り捨てていくと、誤った報道となります。

テレビの情報番組では、衝撃的な映像と刺激的なコメントが続きます。

取材に携わる者は、今まで伝えてきたことが事実なのか、立ち止まって振り返るときが必要ではないでしょうか。もしかしたら違うのでは、と疑ってみる。「なんだ、自信がないのに書いているのか」と叱られるかもしれません。でも、常に正しい、なんてあるでしょうか。適当な言葉が浮かびませんが、謙虚な姿勢が肝要です。

日大が設置した第三者委員会は、中間報告で悪質タックルは内田監督と井上コーチの指示によると認定します。部員へのアンケート調査などから「2人は不自然な弁解を繰り返し、責任を選手に押し付けようとしている」としたうえで、内田氏は「選手もコーチも自分の意見を述べることが許されない雰囲気」を作り出していたことを明らかにしました。

最終報告では、内田氏が保健体育審議会事務局長を兼任していたために、大学のガバナンス（組織統治）が形骸化していた、と影響力の強さを指摘。日大は臨時理事会で、内田、井上両氏の懲戒解雇を決定します。

関東学連は「指示否定は虚偽」として内田、井上両氏を永久追放にあたる除名、森塚ヘッドコーチを資格剝奪、宮川選手に今季公式試合出場資格停止、その後、日大の２０１８シーズンの出場停止処分を下しました。

ケガを負った関学大QBの父親から、警視庁に傷害容疑で両氏の告訴状が提出されました。スポーツの試合中にフィールド内で発生した事柄を〝警察沙汰〟にすることに強い違和感を覚えました。

▼警視庁、「犯罪の嫌疑なし」

18年11月、悪質タックル問題で新聞各紙が次のようなニュースを伝えました。見出し的にいえば「監督、コーチの指示はなかった　警視庁」です。

報道によると、警視庁は、日大アメフト部員や競技の専門家らから事情を聞いたり、映像を分析したりした結果、内田前監督と井上前コーチの指示は認められないと判断しました。「潰せ」という言葉は「思いきり行け」という意味で普段から使われており、「ケガをさせろ」と具体的に指示した事実は確認されませんでした。

2人には傷害容疑で告訴状が出されていましたが、19年2月、警視庁は「犯罪の嫌疑なし」という捜査結果の書類を東京地検立川支部に送付、刑事責任は問われない見通しとなりました。また、タックルをした選手は傷害容疑で書類送検されますが、タックルを受けた選手との間で示談が成立しており、厳しい処分は求めないという意見を付けることになりました。

新聞によって、警視庁が事情聴取した部員や関係者の数は異なりますが、１００人以上から聞いていると思われます。それによれば、監督、コーチの指示にはケガをさせる意図はなかった、ということになります。日大の第三者委員会の聴取では「意図があった」と答えていた部員も警察では「なかった」と翻したという報道もありました。

捜査結果が全面的に正しい、という根拠は持ち合わせていませんが、マスコミの今までの見立てが大きく崩れることになります。話が飛躍するかもしれませんが、時代劇を連想してしまいます。日常的に虐げられてきた者が悪代官を倒すために立ち上がるストーリーとでもいうのでしょうか。映画やドラマなら許されますが、報道としてはいかがなものでしょうか。

▼大人は悪なのか

選手と指導者間のトラブルで、指導者に責任があると批判されると、最悪、職を失います。確実な証拠、証言がなくても、です。

先延ばしをするな、スピード、スピードといわれますが、善悪をつける判断を急ぎ過ぎて、イメージや見かけで決めつけていませんか。拙速な結論は、人の名誉、人生に関わりますから、排除すべきです。

「生徒や学生がウソつくことなどない。大人は保身のためにあることないことをいう」

これでは、あまりに短絡的です。若者がかわいそう、という心情から、事実関係が二の次になります。ケースバイケースでしょう。◯か×か、読者や視聴者が分かりやすい構図を求めていませんか。でも、善悪は、そう簡単に出るものでしょうか。

悪質タックルが起きてから、さまざまな方面から問い合わせを受けました。誰もが知りたいのは「選手の暴走か、監督・コーチの指示か」です。

当初を含め、時間を重ねても、答えは同じです。

「分からない」

取材が甘い、といわれれば一言もないです。でも、これだ、と決めつけ証拠を持ち合わせていません。警視庁の調べが出ても、その立場に変化はありません。

内田前監督は東京地裁に、日大に解雇無効などを求め提訴、大学側も争う姿勢を示し、訴訟になっています。除名処分を下した関東学連は「十分な根拠が示されなかった」と、異議の申し立てを却下しましたが、裁判の行方によって、どうなるか、先が読めません。

▼誰を信じれば

警視庁の立件見送りに納得できない人が多いかもしれませんが、その一人が悪質タックルの被害者である関学大ＱＢ奥野選手の父親です。スポーツ報知（11月14日）はフェイスブック上のコメントを伝えています。

突然の報道に驚いた。悪質危険タックルは、内田、井上の指示はなく、宮川君の単独犯行だ。宮川君のみが犯罪者で内田、井上は罪に問われないことをメディアの報道から知った。当初警察は、結果については、誰よりも先に告訴状を提出した私に連絡をするという約束をしてくれた。当然のことだと思う。メディアにリークしたのは誰なのか。メディアの情報網にとやかく言うわけではなくその努力には敬意を表するが、なぜ、警察は、最初に知らせてくれなかったのか理由を知りたい。正式な報告が、警察からまだないので、ここは静観し、最後まで警察の言葉を信じ、今回の報道内容についての、コメント差し控えることにする。

法治国家である日本において、警察を信じる事が出来なくなれば誰を信じればいいのか。情けない話だ。告訴状を提出したのは、親である私だ。息子は、事件当初は、未成年であった。裁判をさせるために大学に行かせた訳ではなく、学生としての時間に全てを費やして欲しいと思うのは親心である。この事件は闇の社会の抗争でも何でもない、教育現場でその指導者が下した指示だ。証拠がないのなら、2人は正直に自白すべきだ。少なくとも、公権力のない被害者とその家族にだけは。チームの選手全員に罪を押し付ける日大の体質と指導者にメディアは詰め寄って頂きたい。学生を犯罪者扱いするとは言語道断だ。SNSとメディアのお力を貸してください。悲しくて仕方ありません。

書かれている内容は別にして、フェイスブックからの発信、「SNSとメディアのお力を貸してください」という部分は、今を象徴しています。

親の心情は理解できますが、告発当初から警察は立件しないと、踏んでいました。スポーツのことはスポーツ界の判断に任せるということでしょう。

▼思い上がった発言

「潰してこい」発言より、「QBがケガをして秋の試合に…」という井上コーチの発言の真意が気になります。

秋のリーグ戦は東西に分かれて戦い、それぞれが勝ち抜いて代表にならなければ、甲子園ボウルで対戦しません。再び相まみえる前に関西リーグで負けてほしいという意味でしょうか。

学生チームはシーズンごとにメンバーが入れ替わるため、一からチームづくりをしなければなりません。学生王者の日大であっても、関東リーグを制覇することが大前提です。5月の段階で、目の前の早大、法大よりも、自分たちの敵は、あくまでも関学大、立命大と決めつけることになります。もし、本当に口にしたとしたら、随分、思い上がった言葉です。

髪型に触れます。現在は4年生がすすんで丸刈りにする傾向があります。自らに気合を入れ、心意気を後輩たちに分かりやすく伝える狙いで、京大を含めた関西のチームに多くみられます。1、2年生が丸刈り、という昔の感覚で観戦に行くと、「このチームは下級生が中心なのか」と勘違いしてしまいます。

荷物運び、後片付け、合宿所のトイレ掃除なども上級生が率先してこなすなど、学生スポーツの舞台裏は変わりつつあります。

衝撃的な映像と過激な言葉が重なり、悪質タックル問題があらぬ方向に突っ走った要因の一つは、アメフトというスポーツが一般的に知られていないからではないでしょうか。

甲子園ボウル以外はマスコミに取り上げられず、関東学連の試合で観客が５００人に満たないときがあります。観戦しているのはＯＢＯＧのほか選手の保護者など関係者が中心です。

関西のアメフトは野球、ラグビーに肩を並べるカレッジスポーツの雄です。ＯＢの方々は本当に熱心です。例えば、関西学連の重鎮がプレスルームで孫のような若い記者にスタッツ（試合結果）を配っています。「こちらでやります」という声かけを制して一枚一枚、配り歩いています。

「みなさんに取り上げてもらってこそですから」

関学大、立命大、京大を中心に覇を競っているのが盛り上がりの源ですが、それを支える人々がいることを忘れてはなりません。関東学連は見習うべきです。

▼一芸一能

アメフトの魅力、面白さを簡単に紹介します。あまり知られていませんから。知られていないから、誤解を生みます。

「ルールが難しい」

「すぐにプレーが止まる」

「大ケガしそうで」

確かに、その通りです。

観戦していると、司令塔のクォーターバック（QB）、パスを受けるワイドレシーバー（WR）、ボールを持って走るランニングバック（RB）に注目が集まります。ブロッカーとレシーバーの両方を担うマルチプレーヤーのタイトエンド（TE）もタッチダウン（TD）、すなわち、得点に直接絡みますから当然ですが、実は、攻撃の前面に立つオフェンスライン（OL）こそが勝敗のカギを握っています。単に、相手とぶつかり合っているのではなく、QBを守り、RBの走路を開けるためブロックしています。

僅差の重圧の中で勝負を分けるフィールドゴールを任せられるキッカー（K）と陣地回復のため登場するパンター（P）を忘れてはなりません。

守備陣はディフェンスライン（DL）を先頭に、ラインバッカー（LB）、ディフェンスバック（DB）らが文字通り攻撃陣を潰しにかかり、相手のボールを奪いにいきます。実戦部隊指揮官のQBをメインターゲットにします。

このせめぎ合いこそがアメフトの醍醐味です。役割分担が明確なうえに選手個人の特徴がいかされたスポーツです。

【オフェンス】

○小柄でも俊足、俊敏　↓ＲＢ

○バスケットボール選手のように長身で競り合いに強い　↓ＷＲ

○大柄ながら運動能力抜群でブロック、パスキャッチ　↓ＴＥ

○野球の投手のように強肩　↓ＱＢ

○サッカー選手のように正確なキック力　↓Ｋ・Ｐ

○大柄で縁の下の力持ち　↓ＯＬ

【ディフェンス】

○頭脳的で強い攻撃性　↓ＬＢ

○クイックネスの動き　↓ＤＢ

○闘争心と突破力　↓ＤＬ

一芸一能の選手たちが、コーチからの指示で動き、一人でも間違えたり、勝手に動いたりすれば、作戦は破綻します。統率性が問われるスポーツです。

パソコン、タブレット、スマートフォン、ビデオ機器などを使って分析して、敵味方の長短所をつかみ、ミーティングに1時間以上かけます。試合が始まると、サイドラインの監督、コーチからワンプレーごとにサインが出され、選手はその指示によって動きます。100通り以上の作戦が用意されています。

▼真っ向勝負では勝てない

日大、関学大両校のライバル関係の歴史をひもときます。関学大は1957年から66年まで甲子園ボウル1分けを挟み9連敗を喫し、その屈辱のうちの8回は、日大の厚い壁に阻まれました。宿敵の「ショットガン攻撃」を打ち破るために、カナダ、アメリカ留学で近代フットボールを持ち帰った「プロフェッサー建」こと、武田建氏がコーチに加わりました。

日本では、篠竹日大の第一期黄金時代だった。関学は甲子園で負け続けていた。あの強い日大に第4クォーターまでリードした。『残り数分だ。勝てるかも』と思った瞬間、われわれの幻想はがたがたと崩れ落ちた。弱いチームが強いチームに勝つには、何度も挑戦し、勝てると確信できる力を養わなくてはならない。アメリカのコーチは『フットボールはXとO（フォーメーションやプレー）だけでは勝てない』と言う。その意味をいやと言うほど味わった。

だが、あの強い日大に真っ向勝負では勝てるはずがない。短いパスをつなごう。手を変え、品を変え、そこを攻撃した。パスを警戒したら、パスと見せて走った。今なら、中学生や高校生でもやることだ。


『関学・京大・立命　アメフト三国志』（産経新聞大阪運動部、産経新聞出版）

武田氏は大学アメフト部監督として母校の強化に邁進、教授、大学学長、関西学院理事長を歴任。日本アメリカンフットボール殿堂入りしています。

勝利への近道などありません。試行錯誤を重ねながら、67年に31－12で雪辱します。コーチ陣たちは脳みそに汗をかきながら、相手をかく乱する作戦を練ったのです。

もちろん、日大も同じ。互いをリスペクトしているからこそ、一歩も譲りません。「篠竹日大」とは、ショットガン隊形の生みの親、カリスマ指導者として語り継がれ、殿堂顕彰者の篠竹幹夫氏です。

▼ユニバスって？

アメフトは野球、バスケットボール、アイスホッケーとともに、アメリカの4大スポーツです。高校は金曜、大学は土曜、プロは日曜、月曜、そして、最近は木曜日と試合が行われる曜日のすみ分けができています。なかでもカレッジフットボールはプロに負けず劣らずの人気を誇り、ミシガン大、ペンシルベニア州立大、オハイオ州立大のスタジアムは10万人を超える観客収容能力を持ち、テレビ中継は高視聴率をマークします。桁違いの隆盛は想像さえできません。

入場料、放映権料は大学の収入源になり、統括するのがNCAA（全米大学体育協会）です。20世紀初頭、アメフトの試合で選手の死傷事故が多発したため、1906年に組織化されたといわれています。その後、野球、バスケットボール、テニス、ゴルフ、体操など他の競技に広がり、放映権料による豊富な資金をもとに、絶大な影響力を持つようになりました。

大学スポーツの運営、学生アスリートの教育をサポートする組織として発展します。選手の安全確保と学業との両立を目指し、奨学金制度を確立、社会貢献する人材の育成に努めています。学業成績の基準が設けられ、競技によっては週20時間以上の練習は禁止と定め、違反した大学には試合出場停止などのペナルティが下されます。

日本でも文部科学省を中心に創設を検討されてきた、NCAA日本版といわれる「大学スポーツ協会」が近く発足します。略称は「ＵＮＩＶＡＳ（ユニバス）」となりました。スポーツ庁のホームページには設立理念が次のようにアップされています。

大学スポーツの振興により、「卓越性を有する人材」を育成し、大学ブランドの強化及び競技力の向上を図る。もって、我が国の地域・経済・社会の更なる発展に貢献する。

19年1月から加盟申し込みを始め、２００大学、20競技団体の参加を目指しています。設立準備委員会では、学業不振のときは注意勧告、試合出場停止を科すとの案が検討されていますが、加わらない大学との試合、既に成績基準を実施している大学との調整など細部の詰めが必要です。

悪質タックル問題を契機に、大学のガバナンス強化が叫ばれ、ユニバスには追い風になりました。加盟するかどうかは、各大学の判断に委ねられていますが、あまり関心がなかった大学も考え直すかもしれません。

スポーツ庁は、ユニバスの初年度の収入目標を20億円に設定、資金確保のための企業説明会を開きました。鈴木長官は「卓越した人材は企業、社会のメリットになる。学生に良いサービスを提供するには、各社の協力が必要」と要請して、パートナー企業は億単位、スポンサー企業は100万円以上の協賛を呼びかけています。

アメリカと違い、放映権料収入は期待できません。頼みの綱は企業ですが、各社とも互いの出方を探り合っている状況です。さまざまな利権が絡んできます。

スポーツ庁は新しい学生スポーツ組織の誕生をアピールしていますが、関心は薄く、国民に浸透していません。「卓越した人材育成、大学ブランドの強化と競技力向上」という理念は素晴らしいですが、クリアしなければならない問題が多々あります。国主導ですから、大学側はなかなか声を上げられません。ウォッチングするメディアの責任が問われています。

▼競技団体から異論

スポーツ界の不祥事が続き、JOCや競技団体に任せられないという動きが広がっています。テレビの情報番組を見ていると、コメンテーターが「文科省、スポーツ庁が中心になって建て直せばいいではないか」と国の介入を促す発言をしていました。

一連のトラブルで、民間はスキをみせてしまった、厳しくいえば、墓穴を掘ったのです。国は見逃しません。ここぞ、とばかりに踏み込んできます。

かねてから思い描いていた競技団体の健全性を審査して改善を求める権限を持つ新しい組織「スポーツ政策の推進に関する円卓会議」を18年12月に設立させました。

超党派のスポーツ議員連盟のプロジェクトチーム（PT）は30日、スポーツ界で相次ぐ不祥事の再発防止策について提言をまとめた。各競技団体の運営を健全にするため、国と統括団体でつくる「円卓会議」を新設。スポーツ庁が新たに策定する運営ルールに基づき、競技団体の健全性を定期的に審査し、改善を要求できる権限を持たせる。

同庁は2019年にも、上場企業が守るべき行動規範「コーポレートガバナンス・コード（企業統治指針）」を参考に「スポーツ団体ガバナンスコード」を策定する。提言では全ての競技団体に対し、コードを順守していることを年1回公表するよう促した。

新たに設けるのは「スポーツ政策推進に関する円卓会議」（仮称）。統括団体として日本オリンピック委員会（JOC）、日本スポーツ協会（JSPO）、日本障がい者スポーツ協会（JPSA）が参加。国側はスポーツ庁と日本スポーツ振興センター（JSC）が加わる。

各競技団体のコード順守状況は統括団体が審査し、定期的に開催する円卓会議に内容を報告。会議は審査内容を確認し、コードに反する事案が発覚すれば統括団体か競技団体に改善を求めることができる。審査結果は公表し、透明性を確保したい考えだ。

提言では不祥事が起き、第三者による調査が必要となった場合に弁護士らが協力する「ガバナンス調査支援パネル」（仮称）をＪＳＣに新設することも求めた。

コードに基づく審査の対象となる競技団体はＪＳＰＯなどに加盟する、各競技運営の中心となる連盟や協会。プロ野球や大相撲、高校野球の甲子園大会など社会的影響が大きいスポーツ大会を開催する団体は今のところ対象外だ。

ＰＴは12月上旬にスポーツ庁などに提言を提出し、同庁が年内に基本方針を示す。ＰＴの座長を務める遠藤利明衆院議員は「２０２０年東京五輪・パラリンピックを前に、ガバナンスの確保はスポーツ界全体で取り組むべき課題だ。国もスポーツ界も真摯に取り組んでほしい」と話した。

（18年12月1日　日本経済新聞）

円卓会議のメンバー構成がポイントです。スポーツ議連は当初、文科省の外郭団体で、公金を含む助成金配分の権限を持つＪＳＣが担う案を推し進め、国の介入を強める狙いでした。

これに対し、競技団体から異論が出ていました。

日本オリンピック委員会（JOC）は7日、正加盟している54競技団体の会長らを集めて対策を協議する「会長会議」を初めて開催した。東京都内のホテルであった会議では、国が競技団体への監督強化を検討していることについて、出席者から懸念の声が上がった。

会議では、スポーツ庁の鈴木長官が不祥事の頻発に苦言を呈し、「現状のままでは公的資金投入の正当性が問われる事態になりかねない。ガバナンス確保のため、国の関与を強化すべきだとの議論がある」と説明。スポーツ庁と超党派のスポーツ議員連盟が、国の関与のあり方を年内にもまとめると紹介した。

これに対し、日本クレー射撃協会の高橋義博会長が「議員が前に出て、競技団体を引っ張るということか。政治がスポーツを引っ張っていくのか」と懸念を表明。全日本空手道連盟の笹川堯会長（元衆院議員）は「競技団体の独立性、自主性は尊重されねばならん」と続けた。

（18年11月8日　朝日新聞）

JOCからは「我々が押し返した」と成果を強調する向きがありますが、「メンバーに入れてやった」という上から目線で、あくまでもＪＳＣが仕切るのではないでしょうか。もともと、落としどころが決まっていたのかもしれません。民間統括競技団体は自らの主張を貫けるでしょうか。約40年前は国に屈しています。同じ道を歩んではなりません。

▼政府に屈しなかった英国五輪委

わが国の五輪運動にとって、１９８０年5月24日は「ＪＯＣの一番長い日」です。この日のことを語り継いでいかなければなりません。

では、何があったのか、時計の針を戻します。

79年12月末、ソ連がアフガニスタンに軍事侵攻しました。青天の霹靂でした。アメリカのカーター大統領は強く反発して、年明け早々、80年モスクワ五輪ボイコットを表明、西側同盟国に足並みを揃えるよう呼びかけ、アメリカ五輪委員会（ＵＳＯＣ）はボイコットを決めます。

鉄の女といわれた、イギリスのサッチャー首相がアメリカに同調、下院も３１５対１４７で不参加を可決しますが、イギリス五輪委員会（ＢＯＣ）は政治の圧力に屈しませんでした。「ボイコットはオリンピック運動の滅亡を招く。政府に我々の決意を妨げることはできない」

ＢＯＣ総会の採決は15対1、棄権4の圧倒的多数でモスクワ行きを決めます。フランス、イタリア、スペイン、オーストラリア、そしてギリシャが参加を表明するなど、西側諸国の国内オリンピック委員会（ＮＯＣ）の対応は分かれました。

さて、日本です。当時は大平正芳政権でした。〝鈍牛宰相〟の異名を持つ首相は明言こそしませんでしたが、腹積もりは決まっていました。

「モスクワ大会に参加することは、ソ連のアフガン軍事侵攻を合理化、是認することになるので反対」という政府見解が示されます。

当時のＪＯＣは日本体育協会（体協＝現日本スポーツ協会）傘下の特別委員会に過ぎず、選手強化、選手派遣費などの予算や人事の決定権はありませんでした。外務大臣、参院議長を歴任した大物政治家、河野謙三・体協会長から睨まれ、国からの補助金約６０００万円カットを突き付けられます。

▼29対13の記録なし

それでも、１９３２年ロサンゼルス五輪競泳男子１００メートル背泳ぎの金メダリストで、ＩＯＣ副会長の清川正二氏らは、ボイコット反対を主張します。参加、不参加の決定権はＮ

OCにあると定めた五輪憲章を拠り所にしました。

○NOCはオリンピック競技大会及び国際オリンピック委員会（IOC）が後援する地域、大陸または世界規模の国際総合競技大会で自国を代表する独占的な権限を持つ。さらに、オリンピック競技大会に選手を派遣し参加する義務がある。

○NOCは自律性を確保しなければならない。また、五輪憲章の遵守を妨げる恐れのある政治的、法的、宗教的、経済的な圧力、その他のいかなる種類の圧力にも対抗しなければならない。（五輪憲章第4章27条）

神話、書生論といわれるかもしれませんが、五輪運動に携わる者にとっては譲れないデッドラインです。

JOCは何度か会議を開き、議論を重ねましたが結論に至りません。日本陸上競技連盟は「不参加」、日本水泳連盟は「参加」と競技団体の意見も分かれました。

4月21日、「選手、コーチ緊急会議」が開かれ、メダル獲得の期待がかかる柔道の山下泰裕選手、レスリングの高田裕司選手らが「オリンピックに行かせてください」と涙ながらに

JOC、競技団体の事務所が入る東京・渋谷の岸記念体育会館。1980年5月24日、モスクワ五輪ボイコットの採決もここで行われた

訴えました。

刻々とエントリー締め切りが近づいてきます。5月24日がタイムリミットでした。この日の午前中の体協理事会に伊東正義官房長官が出席、「モスクワに行っては困る」と政府の方針を直接、伝えました。

もう先延ばしはできません。午後のJOC総会で採決され、29対13でボイコットが決まりました。周囲の目を気にして、どちらに手を挙げたのか微妙な出席者がいたといわれています。正式な議事録が残されていないため、29対13は作られた数字と疑問視する人がいますが、真相は不明です。

総会は非公開でした。壁に耳をあてて中の様子を伺おうとする記者、すき間を見つけて撮影しようとするカメラマン、それを阻む体協職員との間で激しいバトルが展開されました。対立、混迷、無力感……、さまざまな思いが錯綜するなか、ＪＯＣは自らの判断でボイコットへの道を選んだのです。平和の祭典である五輪運動に貢献することを放棄しました。「屈辱の日」「敗北の日」になりました。

清川氏は『スポーツと政治』（ベースボールマガジン社）の中で次のように書いています。

日本のスポーツ界はモスクワ大会をボイコットしたことにより、過去80年かかって築いた日本スポーツ界の光輝ある歴史と、これに対する世界のスポーツ界の信頼が一朝にして潰え去ったとはいわないまでも、大きな汚点を残したということである。

これを修復するには、今後よほどの努力と年月が必要とされると思われるのである。そのためには「オリンピック・ムーブメントの理念」を今一度思い直し、ＪＯＣなりの「哲学」を持つ必要がある。その上にたってＪＯＣの組織と運営に関しては真剣な再検討がなされねばならないと思う。

政治に弾圧され、不本意ながらもボイコットを強制させられたＮＯＣの立場は極めて複雑である。

国内における立場上、現在においても正面切って政治家をあからさまに批判するものは少ないが、それらの人達に意見を聞いて回ったところ、少なくとも「ボイコットして良かった」と答えた者は一人もいない。むしろ、ボイコット後遺症を深く反省し、ボイコットを主導した政治家に対する不満の様子が深く感じられたのである。

オリンピアン、IOC副会長として清川氏は「スポーツと政治は無縁」という頑なな理想主義に徹しようとしたのではなく、政治家、官僚が「スポーツを道具に使った」ことに最後まで抵抗したのです。

採決メンバーに学識経験者が含まれていましたが、競技団体の代表が中心です。出身母体のしがらみに縛られ、上意下達、厳格な縦社会のなかで異論を唱えようとはしませんでした。

▼独立はしたが

「政治の介入は許さない」という信念を貫けなかった反省から、JOCは1989年に独立します。裏方として、予算、組織、人事の基本構想づくりに汗を流した人がいます。川杉収二JOC元事務局長です。持ち前の行動力と、幅広い人脈をいかして難問をクリアしていきました。

「何が何でもボイコットを阻みたかったけど、一職員に過ぎなかったから何もできなかった。あのときの悔しさ、虚しさをバネにしているんだ」

あのときとは、もちろん「屈辱の日」です。清濁を持ち合わせる異能の事務局長として剛腕を振るい、職を退いた後も度々、叱咤激励されました。

「東京五輪、東京五輪って、訳の分からない連中が大騒ぎしているけど、大丈夫か。JOCがもっと、リーダーシップをとらなくちゃ。それに、マスコミが元気ないぞ。もっと、隠されていることを報道してくれよ。上っ面で終わらすな」

病に倒れ、2018年5月、帰らぬ人になってしまいました。

「5・24」を知るスポーツパーソンは少なくなってきています。20年東京五輪・パラリンピックが近づくにつれ、国にすり寄っているようにみえます。モスクワ五輪参加を訴えた山下、高田両氏はJOC選手強化本部長、副本部長という要職に就いています。悔しさが骨の髄までしみ込んでいる2人の踏ん張りに期待しています。

スポーツ庁の鈴木長官は1988年ソウル五輪競泳男子100メートル背泳ぎの金メダリ

ストです。清川元ＩＯＣ副会長と同じ競技種目で、56年ぶりに表彰台に立ちました。大先輩の一語一句を胸に刻みながら、五輪運動の推進にあたってほしいものです。

不祥事が続き、スポーツ庁に謝罪の列ができました。まさに異常事態です。鈴木長官は、深々と頭を下げる競技団体の幹部たちをどういう心境で見ていたのでしょうか。

悪質タックル問題とモスクワ五輪ボイコット。一見、無関係に見えますが、実は「スポーツの自律」で深くリンクしています。後々、気づくと、遅きに失したことになります。

▼城の堀が埋められる危機に

２０１８年シーズンの学生アメフト日本一を決める甲子園ボウルは12月16日に行われ、関学大が早大を37－20で破り、２年ぶり29回目の優勝を果たしました。

メディアは、例年以上に大きく伝えました。日大の悪質タックルを乗り越えたＱＢ奥野選手の活躍を中心にしたヒーロー原稿が並びました。

公式試合出場資格停止処分を受けた日大は、11月に処分後初の対外試合となる練習試合を行い、社会人合同チームに51－６で圧勝、チーム再生に向かって本格的なスタートを切りました。

関学大は早大を破り、2年ぶり29回目の甲子園ボウル制覇を成し遂げた（2018年12月16日）
本書の写真はすべて撮影著者

出場停止処分解除が承認され、19年シーズンは1部下位リーグ「BIG8」の一員として戦います。同リーグの2位までに入り、1部上位リーグ「TOP8」の7、8位の大学との入れ替え戦に勝てば復帰できます。実力、選手層の厚さから、その可能性は十分です。宮川選手がチームに戻り、さらなる戦力アップとなり、日大フェニックスが甦る日が来るでしょう。

改めて、悪質タックルとメディアの関係をあげてみます。

○タックルの瞬間をとらえた動画
○SNSで試合直後から拡散
○後れをとったオールドメディア
○善悪、二者択一の報道

悪質タックルの瞬間をとらえた映像が存在するのに、日大、関学大、審判ら当事者は、何が起きたのか、事実関係を明確に把握していませんでした。

ネット上にアップされた動画が、どんどん先に進みます。新聞、テレビは監督、コーチは言い逃れに終始している、と報じました。イメージ、時の勢いに流されてしまったのです。捜査当局は「監督、コーチの指示があった」との告発を立件しませんでした。

一件落着どころか、何も終わっていません。ガバナンスを問われ、政治家、官僚主導で「スポーツ政策の推進に関する円卓会議」が設立されました。20年東京五輪・パラリンピックが近づくにつれ、スポーツ界には任せられない、国の介入が必要という意見が強まろうとしています。

我が国のスポーツパーソンの城は、1980年モスクワ五輪ボイコットで、もろくも崩れ落ちました。「自律」を目指し、再建がなりかけた城は悪質タックルなどの不祥事が続き、危機に瀕しています。徐々に、堀が埋められているのではないでしょうか。

「蟻の一穴天下の破れ」

この言葉がJOC、競技団体に重く、深く響き、のしかかってきています。新聞、テレビも同じ、いや、それ以上かもしれません。メディアは踏ん張りどころです。

【特別インタビュー】

JOCの一番長い日——帖佐寛章氏（日本陸連顧問）の証言

日本オリンピック委員会（JOC）は1980年モスクワ五輪の参加をボイコットしました。スポーツと政治を考えるとき、この判断は正しかったかどうか、年月を重ねても見解が分かれます。会議は報道陣をシャットアウトして開かれ、正式な議事録は残されていません。巷間、伝えられる「29対13で不参加」という採決結果の真偽を疑う向きもあります。

80年5月24日のJOC総会出席者の多くが亡くなり、存命している方は数人になりました。体協理事、学識経験者として採決に加わった帖佐氏に「JOCの一番長い日」について聞きました。

——出身母体の陸連は一貫して五輪ボイコットでした。なぜ、その方針が打ち出されたのでしょうか？

はっきり言うけど、政府から「参加したら困る」と言われていた。もし行くなら、アメリカからオイルと小麦を止める制裁をかけられる、と。経済界もモスクワ五輪のために国民が生活に窮することを避けたかった。

――政財界が一致してプレッシャーをかけてきた？

そういうことになるけど、決定的だったのはＵＳＯＣ（アメリカ五輪委員会）がオリンピック代表選手にとったアンケート結果だよ。なんと、全員がボイコット賛成だったんだ。

――全員ですか？

そう、本当だよ。アメリカって国はすごい国だと思った。そのことが陸連の審議委員会で紹介された。もう、我々はギブアップさ。私自身は参加、不参加か判断できなかったから、陸連の結論に従った。

――当時の体協会長は元参議院議長の河野謙三さん。大臣経験者でもある大物政治家で、日本陸連会長も務めました。

河野さんは24日午前中の体協理事会に伊東官房長官を呼び「あなたは正直な人だから、政府の見解をそのまま言ってくれ」と発言を促した。そうしたら、官房長官が立ち上がり、我々に最敬礼して「政府としては参加しないでほしい。もし、選手団がどうしても行くというのなら羽田で止めます」とまで言った。当時、外国へ行くときは羽田出発だったからな。

——競技団体で意見は割れていましたね。

陸連は不参加だったけど、水連（日本水泳連盟）は文字通りイケイケドンドンだった。水、陸で割れていた。参加する、しないかを決めるのはＪＯＣだから、体協理事会はどうのこうのは言えない。官房長官の意向もあって、体協は不参加の雰囲気になったけど、その後のＪＯＣ常任委員懇談会で「モスクワへ行こう」となった。

——え、参加ですか？

水連以外にも元気がいい人がいた。陸連は大人だから黙って聞いていた。これは「行く」と思ったよ。

——その流れがＪＯＣ総会までの間に変わった？

１時間くらいの間にガラッとな。懇談会が閉会した後、それぞれの競技団体の部屋に戻った。そうすると〝廊下トンビ〟みたいなヤツがいるんだよ。「参加、参加って言っているけど、エライことになるぞ」とかね。実際に何があったか分からんけど。

——いよいよ総会です。

いざ始まったら、威勢の良かった人たちが不参加に回った。圧力をかけられたんだろう。

土壇場でひっくり返り、ボイコットが決まった。こちらは負け戦を覚悟していたから、勝ち戦になってビックリだよ。どよめきというより悲鳴みたいな声が上がった。もし、ＪＯＣ常任委員懇談会の後、間髪入れずに総会を開いていたら、参加だったかもしれない。

――採決は非公開でした。あらゆる隙間に目張りをして音と視線を遮断しました。報道陣はシャットアウトされました。

総会は岸記念体育会館地下の講堂で開かれた。あそこには映写室があって、会議を覗けるから、そこもふさいだらしい。マスコミが殺気立つのも分かるよ。

――伝えられている29対13という採決結果は違うという話がありますが。

間違いない、29対13で。作られた数字ではない。

――でも、ＪＯＣに議事録は残っていません。

え、そうなのか、大ミスだよ。大事のことを残していないなんて。

――挙手でしたから、周りを気にして賛成、反対のどちらかに手を挙げているのか分からなかった人もいたらしいですね。

確かに、はっきりしないのがいたな。参加、不参加どちらの意見でも構わないけど最後まで貫けばいいのに。

1980年モスクワ五輪ボイコットを決めたJOC総会の様子を生々しく語る帖佐寛章氏

――イギリス五輪委員会はサッチャー首相の「モスクワへ行くな」という強い要請を振り切って参加しました。

向こうの連中は腰が座っているよ。現在の国際陸連会長のセバスチャン・コーは1500メートルで金メダリストになった。イギリス代表としてではなく、個人資格で出場してね。大したもんだ。

――採決を分けたのは、国が補助金ストップの構えをみせたからですか？

そうかもしれん。以前から国民の税金を使って、「お前ら何やっている」と言われていた。「確かに国からもらっているけど、競技団体や個人持ちの部分もある」と反論したことがある。何もかも国に頼っているわけじゃない。

――「政・官」の重圧に屈したJOCは自前で資金を確保しようと、1989年に体協から独立します。

国の関与を二度と受けない、モスクワ五輪ボイコットを繰り返してはならないと出ていった。これからは、すべて民間、独立採算でやっていこう、と。それなら、もうちょっとしっかりしてもらわなければ。今のＪＯＣだって、運営の３分の１くらいは自前だろうけど、強化費なんかはもらっているから、政府の言いなりさ。（ＪＯＣ会長の）竹田さんも背中を向けるわけにはいかない。御用組合になっちゃってる。

――１９８０年と比べてどうですか？

あのとき、私も御用組合の一員だったかもしれない。でも、なんだかんだ言われたって、自分たちでやろうという意欲があった。今は、もっとひどい。２０２０年東京五輪が終わったら、新国立競技場を潰してしまうんだから。

――トラック（周回走路）を取っ払って、陸上競技ができなくなり、サッカーやラグビーなどの球技専用競技場として使われます。

何がレガシー（遺産）、レガシーだよ。陸上をやったというだけで何も残らんじゃないか。わが陸連も弱い。競技団体、ＪＯＣに心ある連中はいるけど、ものが言えなくなっている。それでも、誰かが言わないといけないんだ。たとえ、嫌われても。

――20年東京五輪まで2年を切りました。

成功してもらわんと困るよ、これだけ金をかけているんだから。おそらく成功はするだろ。

でも、どれだけ感激するかどうか……。

帖佐寛章（ちょうさ・ひろあき）。選手時代に800メートル、1500メートルで日本選手権制覇。順天堂大で教鞭をとり、陸上部監督に就任、同大の箱根駅伝初優勝（1966年）に貢献。体協副会長、日本陸連副会長などを歴任、現在、陸連顧問。1930年生まれ。東京教育大卒。

第2章

なぜ独裁体制が生まれるのか？

独裁体制、閉鎖社会、絶対服従、私利私欲……。一連のスポーツ界の不祥事には、おどろおどろしい〝四文字熟語〟がつきまといます。

隠蔽、恐怖という闇の海に深く、深く沈められたスキャンダルが大きな地殻変動によって、浮き上がってきたのかもしれません。虐げられてきた選手たちの怒りのマグマが、次から次へ噴出しています。

暴力根絶のために多くの人が悔し涙を流してきました。世紀を越えても、勝利のために暴力行為を正当化する指導者が生き延び、彼らを擁護する動きさえあります。理不尽な根性論が受け継がれ、権力を握った者たちが保身に走ります。

選手時代の実績、年功序列などに跳ね返され、泣き寝入りせざるを得ませんでした。大相撲の横綱が現役を退き、親方になっても一目おかれるように、五輪メダリストは別格、永遠に揺るぎない存在です。競技団体の要職や指導者に就くと、抗しがたくなります。

「オマエは日の丸をつけて戦ったことがあるのか」

「みんな家族だから一つにならなくてはいけない。我慢しろ」

「オレが育てたのだから。その親心が分からないのか」

「情」が優先され、ベタベタな関係にがんじがらめとなり、改革を諦めて身を引くケースがありました。

ついにというか、もう黙っていられないと、行動に打って出る人々が現われます。職場や学校などでパワーハラスメント（パワハラ）、セクシャルハラスメント（セクハラ）という言葉が取り沙汰され、社会問題となり、世の趨勢がスポーツ界に及んできました。

▼五輪代表を見せ物に

人間の尊厳を取り戻そうと、決死の覚悟で15人の女性が立ち上がり、彼女たちの勇気ある行動が大きなインパクトを与えます。

２０１２年5月、全日本柔道連盟（全柔連）はロンドン五輪代表発表の記者会見を開きました。その席に呼ばれた女子選手は誰がロンドン行きの切符を手にしたかどうか、事前に知らされていませんでした。

テレビがハラハラドキドキを生中継しました。さんざん盛り上げておいて、いよいよ当落の発表です。選手たちの気持ちを手玉にとり、見せ物にしたのです。スポーツ取材に携わってきた一人として、ここまでやるのか、と強い違和感を覚え、正視できませんでした。テレビ局関係者の入れ知恵だったのかもしれませんが、最終的にゴーサインを出した全柔連の責任は重大です。

選ばれた選手、落選した選手、どちらにとっても許しがたい演出でした。この代表発表記者会見が監督、コーチ告発の伏線になるのです。

ロンドン五輪閉幕後の9月、女子選手が全柔連に、10年8月～12年2月の強化合宿で園田隆二監督（当時）らコーチ陣から平手で頰を殴られたり、胸を小突かれたりされた、と訴え出ます。

全柔連は園田監督を厳重注意処分にしたものの、引き続き16年リオデジャネイロ五輪に向けて強化を図るよう監督、コーチの留任を発表します。

他の競技と違って、柔道選手は監督を「先生」と呼び、師弟関係が濃密です。それに甘んじたのでしょう。全柔連は暴力、パワハラに鋭いメスを入れようとはしません。

▼決死の覚悟

もう我慢の限界でした。怒れる15人は日本オリンピック委員会（ＪＯＣ）に駆け込みます。この後の流れを時系列で追ってみます。

12年11月　女子15選手がＪＯＣ女性スポーツ専門部会に申立て
12年12月　ＪＯＣ、全柔連に選手名を伏せた文書を送り対応指示
13年1月　選手がＪＯＣに「怖かった」と事情説明
　　全柔連、園田監督ら6人戒告処分。五輪監督続投
　　ＪＯＣ、緊急調査対策プロジェクトチーム立ち上げ
　　園田監督辞任表明
2月　告発した15選手不在かつ名を伏せたまま代理人会見
　　全柔連の第三者委員会発足
3月　ＪＯＣ、全柔連に交付金停止処分。13項目の改善勧告と報告要求

6月　全柔連臨時理事会、女性理事、外部理事登用を決議
8月　上村春樹会長をはじめ理事23人、監事3人総辞職
新会長に宗岡正二氏就任
9月　ブエノスアイレスで開かれた国際オリンピック委員会総会で、東京が2020年夏季五輪開催地に選ばれる

▼失望と怒りの声明文

2013年2月、選手の声明文には、やむにやまれず立ち上がった、という思いが綴られています。

皆様へ

このたび、私たち15人の行動により、皆様をお騒がせする結果となっておりますこと、また2020年東京オリンピック招致活動に少なからず影響を生じさせておりますこと、まずもっておわび申し上げます。私たちがJOCに対して園田前監督の暴力行為やハラスメントの被害実態を告発した経過について述べさせていただきます。

私たちは、これまで全日本柔道連盟（全柔連）の一員として、所属先の学校や企業における指導のもと、全柔連をはじめ柔道関係者の皆様の支援をいただきながら柔道を続けてきました。このような立場にありながら、私たちが全柔連やＪＯＣに対して訴え出ざるを得なくなってしまったのは、憧れであったナショナルチームの状況への失望と怒りが原因でした。

指導の名の下に、または指導とはほど遠い形で、園田前監督によって行われた暴力行為やハラスメントにより、私たちは心身ともに深く傷つきました。人としての誇りをけがされたことに対し、ある者は涙し、ある者は疲れ果て、またチームメートが苦しむ姿を見せつけられることで、監督の存在におびえながら試合や練習をする自分の存在に気付きました。代表選手・強化選手としての責任を果たさなければという思いと、各所属先などで培ってきた柔道精神からは大きくかけ離れた現実との間で、自問自答を繰り返し、悩み続けてきました。

ロンドン五輪の代表選手発表に象徴されるように、互いにライバルとして切磋琢磨《せっさたくま》し励まし合ってきた選手相互間の敬意と尊厳をあえて踏みにじるような連盟役員や強化体制の方針にも、失望し強く憤りを感じました。

▼監督個人でなく組織の責任

全柔連は選手の苦悩を受けとめて、しっかり対応してほしい、と声明文が続きます。

今回の行動を取るに当たっても、大きな苦悩と恐怖がありました。私たちが訴え出ることで、お世話になった所属先や恩師、その他関係者の皆様方、家族にも多大な影響が出るのではないか、今後、自分たちは柔道選手としての道を奪われてしまうのではないか、私たちが愛し人生をかけてきた柔道そのものが大きなダメージを受け、壊れてしまうのではないかと、何度も深く悩み続けてきました。

決死の思いで、未来の代表選手・強化選手や、未来の女子柔道のために立ち上がった後、その苦しみはさらに深まりました。私たちの声は全柔連の内部では聞き入れられることなく封殺されました。その後、ＪＯＣに駆け込む形で告発するに至りましたが、学校内での体罰問題が社会問題となる中、依然、私たちの声は十分には拾い上げられることはありませんでした。一連の報道で、ようやく皆様にご理解をいただき事態が動くに至ったのです。

このような経過を経て、前監督は責任を取って辞任されました。

前監督による暴力行為やハラスメントは、決して許されるものではありません。私たちは、柔道をはじめとする全てのスポーツにおいて、暴力やハラスメントが入り込むことに、断固として反対します。

しかし、一連の前監督の行為を含め、なぜ指導を受ける私たち選手が傷つき、苦悩する状況が続いたのか、なぜ指導者側に選手の声が届かなかったのか、選手、監督・コーチ、役員間でのコミュニケーションや信頼関係が決定的に崩壊していた原因と責任が問われなければならないと考えています。前強化委員会委員長をはじめとする強化体制やその他連盟の組織体制の問題点が明らかにされないまま、ひとり前監督の責任という形をもって、今回の問題解決が図られることは、決して私たちの真意ではありません。

今後行われる調査では、私たち選手のみならず、コーチ陣の先生方の苦悩の声も丁寧に聞き取っていただきたいと思います。暴力や体罰の防止はもちろんのこと、世界の頂点を目指す競技者にとって、またスポーツを楽しみ、愛する者にとって、苦しみや悩みの声を安心して届けられる体制や仕組み作りに生かしていただけることを心から強く望んでいます。

競技者が安心して競技に打ち込める環境が整備されてこそ、真の意味でスポーツ精神が社会に理解され、２０２０年のオリンピックを開くにふさわしいスポーツ文化が根付いた日本になるものと信じています。

２０１３年２月４日

公益財団法人全日本柔道連盟女子ナショナルチーム国際強化選手15人

▼コーチは選手に寄り添え

悲痛な叫びでした。５年以上が過ぎても一語一句が胸に響き、重くのしかかってきます。尊敬していた指導者、信頼していた組織に裏切られた絶望感は計り知れません。

選手たちは世界の頂点を目指しています。柔道は団体戦もありますが、基本、個人競技ですから、畳の上ではライバル同士です。横のつながりに限りがありましたが、テレビカメラの前でさらし者にされた怒りは抑えきれませんでした。そこに、アスリート生命をかけた15人が一丸となった理由があります。

全柔連は徹底調査に踏み込まず、内輪で処理して乗り切ろうとします。それが慣例でしたから。いびつな上下関係に支えられてきたため、事の重大さを理解できていませんでした。

マスコミなどの外圧を受けて、ようやく重い腰を上げました。

一部から「告発するのなら、堂々と名乗り出よ」という声が上がり、選手を割り出そうとします。結局、特定されませんでしたが、後日、山口香JOC理事が後輩たちのために奔走したことが明らかになります。

山口さんは1988年ソウル五輪女子柔道52キロ級銅メダリストで、英国留学を経て筑波大の教員となり、女子選手の地位向上に努めてきました。現役時代、自らも閉鎖的な厳しい現実を経験しているだけに、ガラスの天井を打ち破らなくてはと、矢面に立ったのです。

JOC理事会を取材したことがあります。議事は事前のシナリオ通り、淡々と進みますが、山口さんは持ち前の発信力で、堂々と意見を述べる姿に幾度か接しました。

『日本のスポーツ界は暴力を克服できるか』（かもがわ出版）という本のなかで、次のように発言しています。

「スポーツというものは勝ち負けで優位性を図るので、『お前よりうまい、お前より強い、お前より速く走れる』という人が優位に立ちます。女性の指導者が男性の学生を教えている場合には、ある程度の段階になったら、体力や体格でかなわなくなる時期が訪れます。しかし、男子が女性を教えている場合には、いつまでも『お前は世界チャンピオンかもしれないけど、俺の方が強い』という状態が続くのです。そういう議論自体が稚拙なのですが、それが『自分が上』という意識がいつまでも抜けないことにつながっています。コーチというのは、『上』からではなく、『寄り添って』伸ばしていくという考え方が基本にあるはずですから、それではいけません」

「男性の側からいうと、だんだん自分たちが攻められているというか、スポーツまで女性に乗っ取られてしまったら…という焦りではないですか。潜在的にそういう恐怖感みたいなものは男性にあると思いますよ。だからスポーツ団体の理事の数だって何だって男性が圧倒的に多いのです」

▼嘉納治五郎の精神

山口さんの「柔道の国際化から考えるリーダーシップとチームワーク」というテーマの講演を聴講したことがあります。

講道館の創始者で、日本人初の国際オリンピック委員会（ＩＯＣ）委員の嘉納治五郎が唱えた「精力善用（鍛錬で鍛えた心身を世のために有効に使う」「自他共栄（他者を敬い、自己を高めよ)」を踏まえながら「嘉納先生は多様性を認め、女性や外国人に門戸を開きました」と、崇高な精神を再認識するよう説きました。今を生きる我々のほうが国際性を欠き、内向きになっているのでは、と。

新聞紙上で、1964年東京五輪で16個の金メダルを獲得したことが旧態依然の要因と指摘しています。

「環境整備が不十分な中で世界に勝てたのは努力と根性のたまもので、理不尽なしごきや体罰もメダルが取れれば美談になる。高度経済成長で右肩上がりの日本には社会全体に根性論があり、成功体験につながったわけです。それが時代に通じるから、容易には否定できない。今も一定の世代に古き良き記憶として染みついていると思います」

(2018年9月6日　毎日新聞夕刊)

いくつかの発言を取り上げましたが、山口さんが並々ならぬ覚悟をもって、改革に向かって臨んでいるのが分かります。まさに、孤軍奮闘です。男性の指導者から声が上がらないのは、なぜでしょうか。この点は、後で触れます。

▼まかり通る根性論

前回の東京五輪といえば、「東洋の魔女」といわれた女子バレーボールの金メダル獲得が国民の大きな感動を呼びました。大松博文監督は「おれについてこい」と、1日10時間近い猛練習で鍛え上げました。鬼の大松のスパルタ式指導には賛否がありましたが、当時、最強のソ連を破ったことで、根性論が堂々とまかり通ったのです。日ソ戦の視聴率は66・8％という驚異的な数字をたたき出しました。

半世紀が過ぎ、IT（情報技術）革命によってアナログからデジタルへ、情報分析能力を問われる時代に突入しました。バレーボールもタブレット端末を使って、試合中の情報を収集して作戦を立てます。

それでも、最後に勝負を分けるのは「気持ち次第」という精神論が生き続けています。「気迫」「闘争心」「ガッツ」

選手、指導者だけでなく、スポーツを見る側にさえ、目に見えない「空気感」を求めます。大松監督や東洋の魔女を知らない世代までが甘っちょろいことではダメと思っていませんか。

勝利のため、五輪というひのき舞台に立ち、メダルを獲得するには、厳しい練習は必要ですが、暴力的な指導を許容してしまう土壌があるのではないでしょうか。

▼少年野球の鬼監督

スポーツは本来、楽しむものです。わが国の近代化は富国強兵の号令の下、進みました。学校教育に取り入られるなか、楽しむことより、心身を鍛える精神修養が重視されます。「体育」という言葉に、くくられて軍事教育へと繋がっていきます。「教練」と称して、暴力的な指導が行われ、戦後も一部で受け継がれてしまいます。構築された縦社会は簡単に崩れません。軍隊の上官にあたる指導者は絶対的な存在として権勢を振るい、逆らえば殴られ、あげくは放逐されます。教育現場とは、かけ離れた状況のなかで、さまざまな問題が起きています。

ここで、身近な周囲を見てみましょう。

例えば、少年野球の監督、こんなチームに入ると野球嫌いになるな、という指導者を見かけるときがあります。土、日曜日に少年野球チームの練習で、怒鳴りまくっている怖い、怖いオジさんがいます。

試合後の反省会で、「なぜ、あそこでフォアボール出したんだ」と、投手を責めています。

出したくて出すピッチャーなどいません。こういう人に教わるのは不幸です。

声が大きく、野球を少しかじっただけで、コーチになるための勉強などしていません。親たちは「この人に預けて大丈夫かな」「ちょっと、おかしいのでは」と思いながら、何も言えず見守っています。

また、こういう風景を思い出しました。駅に近づいた電車がスピードを落とすと、車窓から私立高校の校舎が見えてきました。乗客にアピールするかのように垂れ幕が下がっています。

「女子バスケットボール部　インターハイ出場」

「男子ハンドボール部　関東大会出場」

母校でも、子供が通学しているわけではありません。縁などなくても頑張っているな、大したもんだ、と思います。でも、実際は校内で何が起きているか分かりません。

少子化の時代ですから、運動部の活躍が新入生募集のポイントの一つになります。強豪校になると、部活動が主体になり、いわゆる〝カリスマ先生〟と呼ばれる指導者がいます。進学や就職の力添えをして、「厳しいけど面倒見がいい」と評価され、存在感が増していきます。

周囲の期待を応えようと、一線を越えてしまうときがあります。校内で力を持てば持つほど、体罰・暴力の被害者となった生徒、保護者は訴えることができません。さらなる悲劇を生むことになります。

▼体罰・暴力は中学時代が最多

全国大学体育連合は2013年、運動部活動における体罰・暴力の調査を行い、体育系や教育系以外を含めた13大学、2短期大学、男女3957人の学生の回答をもとに次のような調査結果を発表しました。

運動部経験者3638人のうち、20・5%が体罰を受けたと答え、学校期は中学が59・1%、高校54・0%、小学校28・7%、大学5・8%の順です。「その後どうなったか」と影響を問うと、58・4%が「精神的に強くなった」と回答、「技術が向上　22・5%」「指導者の気持ちがわかった　19・8%」と続きます。さらに、体罰・暴力は必要か、と踏み込む質問には「必要な場合がある　40・9%」「不要　が57・3%」でした。

将来、部活動のスポーツ指導者になりたい学生は30・8%にとどまっていますが、体罰経験者になると49・3%が目指したいそうです。実際に痛い目にあった苦い体験をいかそうとしているのでしょうか。なかなか複雑です。

このデータに驚いた人も多いのではないでしょうか。6割近くが精神的にたくましくなったというのですから。保護者のなかにも、子供の成長にはある程度、許される、という考え方があります。体罰・暴力を肯定する「愛のムチ」です。

大会で好成績があげると、行き過ぎた指導に目をつぶり、熱血指導の賜物と評価します。いつのまにか、主従関係ができてしまい、親が知らないうちに日常生活まで介入してきます。体罰・暴力を受けても相談相手はいない。

どこかで誰かがブレーキをかけなければなりません。「チームを強くするために多少は…」などと理解を示したら終わりです。根性論に基づく成功体験にしがみつき、長い時間をかけて作られてきた上意下達、服従の構図を崩さないと、犠牲者が出ます。

▼講義に出なさい

大学の体育会が変わりつつあります。各大学とも体育会の学生の単位取得を特別扱いしなくなってきています。昔は授業など一度も出席せず、試験のときに「名前と部名さえ書けば、単位がもらえた」などという伝説がありました。

今は講義優先です。学生の本分は勉強なのに、以前は部活動に重心がかかっていましたが、試合や練習日程を変更するようになりました。主力選手でも単位不足なら試合に出場させないどころか、練習参加を許さないことも。

競技力の高い学生ほどスポーツに集中するため、視野が狭くなり、社会にどう関わっていけば良いのか、悩みます。

「スポーツだけをやっていればいい、という時代は終わりました。体育会系の学生にとってセカンドキャリアこそが重要です。勉強を疎かにすれば社会に出てから苦労するぞ、と説明します。それにコミュニケーション能力を養え、とね」（大学関係者）

スポーツ推薦で入学した学生だけのガイダンスを開き、次のようなアドバイスをする大学があります。

「教室での居眠り、私語は厳禁」

「部員同士で固まらない」

「ジャージーや短パンは着用しない」

一般学生より、はるかに厳しい内容です。

２０１８－19年シーズンの慶応大学ラグビー部の主将、古田《ふるた》京《きょう》選手は医学部の４年生です。創部１１９年で初の医学部生キャプテンとして、注目を浴びました。慶応高校時代に神奈川県代表として全国大会に出場、大学医学部に進学後もプレーを続け、２年生からスタンドオフとして主力メンバーに名を連ねています。キャンパスと練習グラウンドの往復時間を自習にあてるなど、時間を効率よく使っているとのことです。何よりも、ラグビー部が授業第一を考えて練習スケジュールを組み、両立の基本を組み立てているのが大きいでしょう。

大阪桐蔭高校からドラフト１位指名で、プロ野球の中日に入団した根尾昂選手も文武両道です。移動のバスの中で、仲間が寝ているとき、一人、読書に勤しんでいるエピソードが報じられ、実際に読んでいる本の売れ行きが伸びるほどでした。

学業とスポーツの両立は基本です。ようやく、原点に戻りつつあります。

▼目に余る公私混同

２０２０年東京五輪が近づいてくると、せめぎ合いが始まりました。地元開催ですから、注目度が違います。今まで頭を抑えられ、沈黙していた人々が声をあげたのです。

２０１８年、次々と不祥事が明るみになりました。日本レスリング協会の栄和人強化本部長が五輪４連覇の伊調馨選手にパワハラしたと追及され、辞職します。

栄氏は、中学時代に伊調選手の素質を見抜き、実家の青森まで足を運びスカウトしました。

手塩にかけて、世界の女王に育て上げたという自負もあったでしょう。国民栄誉賞まで受賞させた実績をもとに、競技団体の要職に君臨します。

一方、海外留学で視野を広げた伊調選手は、栄氏の指導法に疑問を持ちはじめます。ただでさえ、男と女、体と体をぶつけ合う競技ですから、信頼感が揺らぐと心は離れていきます。さらに、男子選手との練習でレスリングの奥深さと怖さを知り、師弟関係に軋轢が生まれました。

日本ボクシング連盟の山根明会長は助成金流用や不正判定で告発され、理事全員とともに辞任に追い込まれました。任期2年のはずが終身会長となり、12年ロンドン五輪で村田諒太選手が金メダルを獲得した試合のセコンドに息子をつかせるなど公私混同は目に余るものでした。

栄氏と山根氏は同列にできませんが、いずれも、内部からはもちろん、外部からの意見に耳を傾けない独裁体制が築き上げられました。

「指示に従わないと無視される」

「人間関係が優先されている」

「知らないうちに物事が進んでいく」

異を唱えようにも、代表選手を選び、決めるのは組織を握っている人物です。五輪を目指す競技団体は4年に1回のひのき舞台に立てるかどうかがすべて。選手、指導者はもちろん、事務局スタッフも目標に向かって心血を注ぎます。人生をかけるとまで言ってもいいでしょう。

競技団体の人事は代表選考と直結しています。自らの権力基盤を盤石にしていくのです。当然、一度、握ったら、よほどのことがない限り手放そうとはしません。

▼「権力闘争」発言

体操は女子リオデジャネイロ五輪代表、宮川紗江選手を巡るパワハラ、引き抜き問題で揺れました。告発された塚原光男副会長、千恵子女子強化本部長夫妻が「これは権力闘争」と語り、騒動の背景に日本体操協会の役員改選が絡んでいる、という見方を示しました。これに対し、具志堅幸司副会長は「全くそういう意識はないし、理解もできない」と突き放します。

スポーツ界でも学閥による争いは珍しくありませんが、塚原夫妻と具志堅副会長は同じ日体大出身です。テレビのワイドショーに出演して塚原批判を展開した森末慎二、池谷幸雄氏も日体大OBという異例の展開になりました。

競技団体の取材を通じて、何度も派閥争い、足の引っ張り合いを目の当たりにしてきました。地元開催の五輪となれば、今まで以上に脚光を浴びる、もう2度とこないチャンスをいかしたい、と一層、力が入ります。人事や運営面の主導権を握るために、なりふりなど構っていられません。

「権力闘争」発言を聞いて、ついに出たか、と思いました。塚原夫妻は胸に仕舞い込んでいた思いを率直に口にしたのです。ますますバッシングを受けましたが、ある意味、的を射る表現ではなかったでしょうか。

▼米国では性的虐待

「師弟愛」という言葉があります、指導者と選手は特別な関係で、強い思い入れ、絆で結ばれ、第三者の介入など、もってのほか、という日本独特の「情の世界」です。

柔道、レスリング、ボクシングなどの格闘技系に限らず、フィギュアスケートだって同じです。日本人の心情に合うのでしょう。マスコミも「恩」「感謝」という言葉が好きですから。

先ほども触れましたが、女子レスリングで、栄氏と伊調選手が袂を分かちました。金メダリストになれた、国民栄誉賞までもらえたのは、誰のお蔭か、と。恩を仇に返すのか、裏切られたと。いや違います。私の師は、貴方でなく別の人で、そのコーチと行動をともにしていきたい、ということです。

体操の宮川紗江選手は、殴られようが、小突かれようが、あのコーチじゃないとダメ、暴力ではない、自分だけでなく両親も了解しているのだから、余計な口出しをしないでください、と懇願する。こうなると、難しいです。コーチは反省して、二度と手を出さないと謝罪していますが、正直、分かりません。当事者同士の問題ですから。

アメリカで耳を覆いたくなるようなスキャンダルが起きました。こちらは、もはや、事件、性的虐待です。体操協会の元チームドクターが金メダリストを含む300人以上の女子選手にセクシャル・ハラスメントを繰り返し、7人の少女にわいせつな行為をしたことを認め、禁固40~175年の有罪判決を言い渡されました。

協会トップが責任をとり、辞任したものの、会長代行も早々に職から退き、混乱が続いています。体操はアメリカの人気スポーツの一つで、18年10月の世界選手権女子個人総合で優勝したシモーン・バイルス選手はスーパースターです。

東京五輪に向けて、アメリカ五輪委員会は協会の解体、再建に乗り出しました。選手が競技に集中できる環境づくりができるか、日本も他人事ではありません。

東京五輪の開幕が近づくにつれ、堰を切ったように不祥事が明るみになっているのですから。

▼ライバルのボトルに薬物混入

トラブルの重大さを測る物差しなどありませんが、ドーピング（禁止薬物使用）はスポーツの根幹を揺るがす違法行為です。日本はクリーンといわれてきましたが、16年以降、摘発が増えてきました。

16年　自転車男子
17年　競泳男子、レスリング男子、フェンシング女子、カヌー男子
18年　スピードスケート・ショートトラック男子、競泳男子

これがすべてではありません。なかでも、カヌーは五輪代表を争うライバル選手の飲み物に、筋肉増強剤を混入させて陥れるようとした、という極めて悪質な行為が発覚しました。

被害選手はドーピング検査で陽性となり、４年の出場停止処分を受けるところでした。結局、加害選手が名乗り出て、潔白が証明されました。

無暗に開封された飲み物を口にしないのは五輪を目指す選手の常識です。ファンからのプレゼントに禁止薬物が入っている可能性もあります。一般の人に薬物の知識がないからです。自分の身を守るためには、何が起きても不思議でないとすべてを疑い、注意を怠らないことでしょう。故意でなく過失で禁止薬物を服用しても、違反は違反です。永久追放までいかなくても、資格停止処分を下されれば、選手生命に大きく関わってきます。

日本カヌー連盟幹部は「仲間を信じるのがスポーツの原点。まさか仲間同士の問題が起こるとは思いもしなかった」と語っていますが、あまりにも甘い認識です。

絶対、薬物に手を出してはならない、と肝に銘じていても、現実に起きているのは、なぜでしょうか。禁止薬物の指定が増えて、以前は載っていなかったものが、リストアップされていたのに気づかないケースがあります。

「今まではＯＫだったじゃないですか」

「お医者さんが大丈夫と言っていたのに」

医療現場で働く人たちのケアレスミスであっても、言い訳にはなりません。また、インターネットでサプリメントを入手できるようになり、詳細に成分を確認せず、安易に服用して墓穴を掘ってしまう。すべて、自己責任です。

選手が毎年のように更新される情報のすべてを知り、理解するのは難しいでしょう。JOC、各競技団体はアンチ・ドーピングに全力投球すべきです。五輪を開催するにあたり、一点の曇りもあってはなりません。

▼舞台はナショナル・トレセン

看過できないことが起こりました。

18年5月、東京・北区の「味の素ナショナルトレーニングセンター（トレセン）」で、バドミントンの日本代表強化合宿が行われた際、日本アンチ・ドーピング機構の検査員が午前6時ごろ、女子代表の福島由紀選手の部屋を訪れたところ、同選手は部屋にいませんでした。ドーピング検査は、対象選手の所在がはっきりしているときに事前予告なしに行われます。早朝や深夜、時間を問わず不意打ちをかけるのが通例です。もし、検査可能時間帯に届けていた場所にいないことが1年間に3回あると資格停止処分が下されます。

検査対象選手が行方不明ですから、当然、大騒ぎになりました。福島選手はどこに？　その後、男子の桃田賢斗選手の部屋にいたことが判明します。民間のホテルなら、まだしも、文科省管轄のナショナル・トレセンで起きた、前代未聞のスキャンダルです。

桃田選手は違法カジノ店通いが暴露され、16年4月に無期限の資格停止処分を受けて、解除後、世界ランキング1位となり、復活劇が報じられたばかり。日本バドミントン協会は両選手を「誤解を招くような行動は慎むように」と注意しましたが、日本代表クラスとしては、いかがなものでしょうか。

JOC理事会で、次のような発言を聞いたことがあります。「ある女子選手の自宅マンションにアンチ・ドーピング委員会の検査員が深夜、突然訪れ、有無を言わさず検査された、こんな失礼なことはない、と怒っていたが私もそう思う。時間を考えてほしい」。24時間監視され、プライバシーまで立ち入られるのは、想像を絶するプレッシャーでしょう。でも、トップアスリートの宿命です。理事職に就く人のレベルが、この程度なのか、と愕然《がくぜん》としました。

▼本当にクリーンなのか

18年9月の世界反ドーピング機関（WADA）理事会で、ロシアの資格停止処分解除が決まりましたが、日本人理事も賛成票を投じました。ロシアは14年ソチ冬季五輪などで、国家ぐるみで薬物汚染を隠蔽したことが明らかになっています。検体をすり替えるなど極めて悪質な手口だったため、解除は先送りすべきとの声が根強かったのですが……。

鈴木俊一・五輪担当大臣（当時）は「わが国としては、より多くの国々からのアスリートが参加することが望ましい」と処分解除を歓迎しました。資格回復となれば、20年東京五輪・パラリンピック出場への道が大きく開かれます。

大会成功のためには、スポーツ大国であり、政治的にも強大な力を持つロシアの出場を認めないと、飛車角落ちになるという見解でしょうか。新聞各紙は厳しく批判しましたが、方向性に変わりはありません。

こうして見てくると、日本はクリーンと、胸を張れるのでしょうか。フェアプレー精神の遂行者という性善説に立っています。現実には、五輪代表の座を巡り歪んだ行為が起きています。

スポーツ庁は18年1月、「スポーツにおけるインテグリティの確保に関する緊急会合」を開きました。インテグリティとは高潔性と訳されます。暴力問題、ドーピングと不祥事が続いているため、鈴木大地スポーツ庁長官も何度も口にしています。この席でも「各競技団体には改めてドーピング防止など引き締めをお願いしたい」と訴えました。

スポーツマンは清く正しく、常に堂々としていると思っている人が多いでしょうが、幻想に過ぎません。その認識を踏まえながら、問題解決の道を探し求めないと、いつまでも隘路にはまったままです。

▼まるで〝学徒動員〟

２０２０年東京五輪・パラリンピック大会組織委員会と東京都は合わせて10万人以上のボランティアを募集しましたが、目標を大幅に超える応募があったと手ごたえを強調しました。

文科省とスポーツ庁は募集に際し、国公私立大と高等専門学校あてに、学生ボランティア参加を促す通知を出しました。

「学生がオリンピック・パラリンピック競技大会等に参加することは、競技力の向上のみならず、責任感などの高い倫理性とともに、忍耐力、決断力、適応力、行動力、協調性などの涵養の観点からも意義があるものと考えられます。さらに、学生が、大学等での学修等を生かしたボランティア活動を行うことは、将来の社会の担い手となる学生への円滑な移行促進の観点から意義があるものと考えられます」

通達とセットで、授業や期末試験が重なる場合は、学事暦の変更を届けなくてもＯＫとしました。硬軟セットで半強制的に協力を促しているように思えます。

文科省から「あくまでも学校側の判断」と言われても受け取る側は弱い立場ですから、無視などできません。教育機関にとって、学事暦は基本の基、最も重要な年間スケジュールです。試験日の変更や授業を行わず、公欠扱いに踏み切った大学には学生、保護者から次のような意見が寄せられました。

「ボランティアは自主性の尊重なのに」
「熱中症が心配」
「学徒動員ではないか」

都市ボランティア募集では、一部の都立高の教諭が「全員出すように」と強制的に応募するような発言をしていたことが、生徒のＳＮＳによって明らかになりました。

都教育委員会は「誤解を招く発言があったと認識している。参加はあくまでも自主的なもの」と事実関係を認めました。

募集目標をクリアする重圧が教育現場にまで及んでいたとすると、生徒はもちろん、教師たちも困惑するばかりです。

▼物申す男性がいない

不祥事が相次ぎ、スポーツ界をあげて改革への道に踏み出すのでは、と期待しましたが、一から出直すという、文字通りの刷新まではいきません。

大きく流れを変えるためには世代交代が必要です。

女子柔道の暴力問題追及で活躍した山口JOC理事、女子マラソン五輪メダリストの有森裕子さんは、ボランティア活動に熱心で、物事を正面からとらえた明解なコメントは傾聴に値します。

では、男性陣はどうでしょう。明確に推せる人材がいません。見識、意見を持っているのに公言せず、上下関係を重視する体育会気質から抜け出せていないからです。

「もう、貴方たちの時代ですよ」と、けしかけても「いや、いや。大先輩がいるので、まだ、まだ」と、下を向きます。競技団体だけでなく、大学、企業など地盤というか、しがらみから脱却できていません。選手や教え子の前では胸を張り、立派なことを言っているのに黙ってしまいます。

敢えて、嵐の海に船を出そうという気概はなく、荒波が静まるのをじっと待っています。これでは、改革などできません。その責任は重大です。せっかく女性陣が奮闘しているのに残念というか、憤りさえ覚えます。

強固の体制を突き崩すには、一人や二人の力では無理です。世論というか、マスコミのサポートが求められますが、現状はどうでしょうか。

いつごろからか正確には分かりませんが、五輪が閉幕すると、テレビ局が代表選手のトーク番組を放送するようになりました。16年リオデジャネイロ夏季、18年平昌五輪冬季のメダリストが、バラエティー番組で裏話というか、楽屋落ちの話を披露します。お笑い芸人と一緒に卓球をしたり、ボールを蹴ったり、視聴者をほったらかにして楽しんでいます。もう、タレントです。トークは聞くけど、あの姿が映し出されると、チャンネルを変えます。

費用対効果がいいのでしょう、テレビ局にしてみれば。コストをかけないで一定の視聴率を稼げる。以前はプロ野球選手が中心でしたが、野球人気が落ちていますから。

五輪出場選手は、テレビ出演や講演、スポンサー契約でビッグマネーを稼ぐ時代です。メダリストになれば、プロダクションがほっときません。今までは見る側だったのに、見られる側になる。有名タレントと共演して、チヤホヤされれば、勘違いしない人間なんて、いないでしょう。苦しさを乗り越えて、ようやく手にした〝ご褒美〟ですから。

スポーツ中継の放映権を獲得すると、これでもか、これでもか、と予告番組を打ちます。タレントをレポーターやコメンテーターに起用して盛り上げようとします。ニュースやワイドショーなど生放送では「〇〇開幕まで、あと〇日」というボードを出し、試合当日は「もうすぐ試合開始」に変わります。実際には、まだ3〜4時間もあるのに。高額な放映権料を払って獲得したのだから、視聴率を稼ぎ、スポンサーの期待に応えなければ、と必死なのでしょう。

試合で完敗しても惜敗、善戦健闘と伝えます。監督の采配や選手のミスなど敗因を追及することは、ほとんどありません。

▼危機感を持て

女子柔道界の暴力問題は共同通信のスクープでした。ニュースの配信を受け、新聞、テレビが報道して、大きな波紋を呼び起こしました。レスリング、ボクシング、体操など最近のスキャンダルは、週刊誌によって暴露されるケースが続いています。

「後追いばかりじゃないか、新聞は。しっかりしてくれなくちゃ。一番、期待しているし、信頼できるのは新聞なのだから」

競技団体のＯＢからの叱咤激励が耳に残っています。取材力、影響力が落ちているのか、危機感を持たなければなりません。

新聞社がスポーツイベントの主催者になるときがあります。競技団体と良好な関係を重視して「向こう側の者」になってしまい、ニュースの掘り起こしを怠ったり、批判を鈍らせたりすれば、単なる情報伝達者です。

取材対象との距離感、これが重要であり、難しい課題です。政治部記者と政治家、社会部記者と捜査当局との関係をどう築くか、スポーツ記者も同じです。

知られたくない、隠したい情報を入手するには、相手に食い込むことが肝心ですが、親しくなり過ぎると報道するタイミングを逃してしまいます。それどころか、相手の立場を慮り、見送るケースも。

野球のピッチング技術の一つに「球の出し入れ」という言葉があります。同じ外角に投げているようで、ボール１個分、ストライクにしたり、ボールにしたりする制球力をいいます。

打者を打ち取るには微妙なコントロールを磨けということですが、実際には、なかなかできません。

記者にとっての「球の出し入れ」は、取材の「距離感」にあたるのではないでしょうか。20年、30年の経験を重ねても、なかなか制球が定まりません。

▼周知徹底に尽力

独裁体制は必ず腐敗します。堅いガードを突破して隠された事実を明らかにしようとすれば、さまざまな波紋を呼びます。

スポーツと暴力というテーマは長い時間をかけて、じっくり追うテーマです。半世紀以上の時を重ねても繰り返されています。競技団体を統括する日本スポーツ協会、JOCなどは、ガイドラインを作成、さまざまなケースを経て、修正を加えています。

13年4月、日本体育協会（現・日本スポーツ協会）、JOC、日本障害者スポーツ協会、全国高等学校体育連盟、全国中学校体育連盟の5団体が連名で「スポーツ界における暴力行為根絶宣言」を出しました。

暴力根絶の責務を担う指導者、スポーツを行う者、団体・組織それぞれの宣言が書かれています。その一部を紹介します。

「指導者は、暴力行為による強制と服従では、優れた競技者や強いチームの育成が図れないことを認識し、暴力行為が指導における必要悪という誤った考えを捨て去る」

「スポーツを行う者は、いかなる暴力行為も行わず、また黙認せず、自己の尊厳を相手の尊重に委ねるフェアプレーの精神でスポーツ活動の場から暴力行為の根絶に努める」

「スポーツ団体及び組織は、運営の透明性を確保し、ガバナンス強化に取り組みことによって暴力行為の根絶に努める。そのため、スポーツ団体や組織における暴力行為の実態把握や原因分析を行い、組織運営の在り方や暴力行為を根絶するためのガイドライン及び教育プログラム等の策定、相談窓口の設置などの体制を整備する」

5年以上の月日が過ぎ、この宣言を覚えているのは一部の関係者だけかもしれません。もがき苦しむ生徒、学生、トップアスリートが、どうしたら良いのか分からず、孤独の淵に追い込まれ、思い悩んでいないでしょうか。

「暴力根絶宣言」が出され、通報システムが確立されていることを周知徹底するのがマスコミの責任です。「以前に報じたから」と繰り返しを嫌う傾向がありますが、読者、視聴者はすぐに忘れるものです。〝ダブリ〟を気にすることなどありません。

▼国威発揚の場なのか

五輪は、清く美しく、フェアプレー精神の下、世界の若者が集うスポーツの祭典といわれてきました。ＩＯＣは五輪憲章第１章で使命と役割を次のように謳っています。

○スポーツにおける倫理と良好なガバナンスの促進
○暴力が禁じられるよう全力を尽くす
○あらゆるレベルと組織において、スポーツにおける女性の地位向上を奨励、支援する
○ドーピングに対する戦いを主導し、クリーンな選手とスポーツの高潔性を保護する
○オリンピック競技大会は、個人種目または団体種目での選手間の競争であり、国家間の競争ではない

現実はどうでしょうか。商業化によってビッグマネーが動き、禁止薬物を使ってまで勝と

うとする輩がいます。代表選手になるための醜い争い、指導者によるパワハラ、セクハラが一掃されていません。

背景にあるのはメダル至上主義です。称賛、尊敬されるだけでなく、金銭的に生涯保障されます。個人の名誉、金銭欲にとどまらず、ソチ冬季五輪で開催国のロシアは、ドーピング検査で陽性反応が出た検体をすり替えてまで、表彰台に立とうとしました。国威発揚の場として、五輪を利用したのです。

マスコミはメダル獲得予想で勝算をはじき出し、期間中は連日、金、銀、銅の数を報道します。選手やコーチが勝利に執着するのは当然ですが、周囲のほうがヒートアップしてしまいます。

日本選手団は16年リオデジャネイロ五輪で過去最多の41個のメダルを獲得しました。大会が終わると、ＮＨＫの解説委員が「目標を達成した」と高く評価したうえで、東京五輪開催のメリットの第一に「国威発揚」をあげました。

この報道は、五輪憲章に抵触するのではないでしょうか。ＪＯＣのホームページに「オリンピズムってなんだろう」というコーナーがあります。難しい言葉や表現をかみ砕いて、親子の会話で分かりやすく解説しています。その中に、次のようなやり取りがアップされています。

「みんなはメダルの数を国別で数えたりして、ついついオリンピックを国同士の競争のように見てしまいがちだろ？　でも、オリンピックで勝利をおさめた栄誉は、あくまでも選手たちのものだと定めていて、国別のメダルランキング表の作成を禁じているんだよ」

ＮＨＫだけでなく、他のマスコミも襟を正さなければなりません。組織としてではなく、ジャーナリスト個人として、東京五輪・パラリンピックにどう向き合い、携わっていくか、見つめ直すときです。

第3章

スポーツ現場の「不都合な真実」を追う

▼対外試合禁止、謹慎

高校野球の魅力といえば、何でしょうか。思いつくままに、あげてみると、

①ひたむきなプレー
②ゲームセットまで諦めない
③ドラマティックな試合展開
④チーム一丸
⑤郷土愛

もちろん、これだけではありません。一投一打に注目して「汗と涙と感動」に胸を躍らせ、自らの人生に重ね合わせる人もいるでしょう。夏の全国選手権は100回大会の節目を迎え、春の選抜も90回を越えました。日本のスポーツ界は高校野球とともに歴史を刻んできました。純粋、高潔、などの枕詞がつけられます。本当にそうだろうかと、ずっと違和感を持っていました。世の中、キレイごとばかりではありません。強いて、ほじくりださなくても、という声があるでしょうが、負の部分をピックアップしてみます。

①過酷な練習
②理不尽な上下関係
③モンスターペアレント
④特待生
⑤丸刈りの強要

日本学生野球協会は毎月のように対外試合禁止、謹慎などの処分を下しています。暴力にとどまらず、窃盗、盗撮などにおよぶ不祥事を伝える新聞記事を見てみましょう。

不祥事14件処分　日本学生野球協会

日本学生野球協会は14日、審査室会議を開き、大学、高校の計14件の不祥事の処分内容を発表した。

初芝立命館（大阪）では8月、のべ6人の部員が計10人の財布から計7500円を盗んだとして8月30日から1カ月間の対外試合禁止処分を受けた。桐生第一（群馬）は6月に部員2人にあごをつかんで押すなどの暴力を振るったとされる部長が謹慎1カ月の処分となった。

◇大学【謹慎4カ月】九州共立大のコーチ＝7月24日から、部内の暴力、報告遅れ

◇高校【対外試合禁止1カ月】校名、県名非公表＝8月2日から、部員の盗撮▽初芝立命館（大阪）＝8月30日から、部員の窃盗【謹慎6カ月】厚狭（山口）のコーチ＝8月3日から、コーチの部内暴力▽千葉学芸のコーチ＝8月15日から、コーチの部内暴力【同3カ月】春日井商（愛知）の監督＝8月7日から、監督の部内暴力、報告遅れ▽松浦（長崎）の監督＝7月23日から、監督の部内暴力▽滝川（北海道）の軟式の監督と部長＝8月29日から、中学生の練習参加規定違反【同1カ月】湯沢翔北（秋田）の監督＝8月5日から、監督の部内暴力▽一条（奈良）の監督＝8月9日から、監督の不適切指導▽桐生第一（群馬）の部長＝8月18日から、部長の部内暴力▽春日井商の部長＝8月

7日から、部長の報告遅れ▽富山国際大付の監督＝9月3日から、監督の暴言、不適切指導▽富山国際大付の部長＝9月5日から、部長の報告遅れ

（2018年9月15日　朝日新聞）

▼部内いじめなど高校10件を処分

日本学生野球協会は19日、東京都内で審査室会議を開き、高校10件の処分を発表した。部員間でいじめがあったとして上矢部（神奈川）が9月23日から6カ月の対外試合禁止になったほか、学業成績不振の部員に試験の解答を漏らしたとして江戸川学園（茨城）の部長（9月末日付で退職）が1年間の謹慎となった。

その他の処分は次の通り（肩書は当時）。【対外試合禁止】長野俊英（長野）部員の部内いじめ＝9月14日から1カ月【謹慎】紀北工（和歌山）の監督　部員の喫煙の報告遅れ＝8月16日から3カ月▽翔凜（千葉）の監督　部内暴力と報告遅れ＝9月10日から1年▽駿台学園（東京）の監督　部内暴力＝9月10日から1カ月▽流通経大柏（千葉）の部長　部内暴力＝9月5日から1カ月▽岡豊（高知）の監督　部内暴力＝9月7日から6カ月▽狭山清陵（埼玉）の監督　部内暴力＝9月19日から3カ月▽邇摩（島根）の監

督　部外暴力＝9月14日から1カ月（18年10月20日　毎日新聞）

これが実態です。トラブル発覚の経緯は、県代表を激しく争うライバル校による情報提供に限りません。最近はレギュラーやベンチ入りメンバーから外された選手の保護者が「なぜ、うちの子を使わないのか」と、地元紙やテレビ局に流すケースがあると聞きます。内部告発というより、嫉妬、〝やっかみ〟でしょうか。わが子が可愛いモンスターペアレントの凄みが増しています。

▼高野連会長を直撃

高校野球をどう伝えるか、長い間、悩んできました。答えを見つけ出そうとしましたが、なかなか見つかりません。大阪勤務時代、日本高等学校野球連盟（高野連）の脇村春夫会長（当時）と懇談する機会がありました。最高首脳に「表と裏」を直接聞くチャンスがきたと、正面から質問をぶつけてみました。

「高校野球は偽善じゃないんですか」

「なんだ、キミは。何を言いたいのか」

「『汗と涙と感動』と報道してきましたが、これで良いのかと、疑問を持ち続けています。会長のお考えをお聞かせください」

和やかな雰囲気が一変、凍りつきました。当然です。空気を読めない唐突で非礼な問いかけに脇村会長は、こちらをにらみつけます。答えはありませんでした。負の部分もしっかり伝えなくては、という思いから絞り出しました。

▼緊急通達

２００５年の夏、高校野球界に激震が走ります。第87回全国選手権の開幕直前、高知県大会を制した明徳義塾高校が野球部員による暴力事件で県代表を取り消されました。大会は南北海道代表の駒大苫小牧高校の2年連続優勝で幕を閉じましたが、同校の野球部長による暴力が発覚します。

高野連は「駒大苫小牧高の全国制覇は有効」と結論付け、脇村会長は各都道府県の加盟校に「暴力のない高校野球を目指して」という緊急通達を出しました。

自分の考え・思いを相手に伝えるのに、暴力という手法は本当に有効でしょうか。暴力で相手を封じるは行為は一般社会でも厳しく戒められています。

体育会系の部活動では多少の暴力は許されるとか、以前からあった、などというのは誤った考えであり、長い間引きずってきたこうした暴力を許す体質を指導者がどう断ち切っていくのかが厳しく問われています。

根絶に向けた強い訴えは、次のように締めくくられています。

相次ぐ不祥事をふまえ、この機会に全国の加盟校指導者と選手、部員の皆さんに、暴力のない、暴力を許さない野球部を目指して改めて次のことを厳守いただきたいと強く要望します。

（1）暴力のない、暴力を許さない野球部の確立
（2）事後の迅速な対応と決断
（3）校内審議機関での正しい処理

緊急通達が出された後、脇村会長に個別インタビューを申し込むと、受けてくれました。

取材の冒頭、「前回、お会いしたときはぶしつけな質問して失礼しました」と詫びると、「指摘された通りですね」と、悲しげな表情を浮かべていました。

「軍隊的体質」という負の遺産を抱える日本スポーツ界のなかで、高校野球界も例外ではありません。監督、コーチは絶対、彼らの「指示」は「命令」、一学年が違うだけで「3年神様、2年平民、1年奴隷」という理不尽さに異を唱えたり、無視したりすれば、暴力が加わります。

日本学生野球協会は暴力排除を繰り返し訴えてきましたが、根絶されません。一部に、ムリへんにゲンコツの監督、コーチが生き延び、上下関係の悪しき慣習が蔓延《はびこ》っています。

▼プロアマ断絶に終止符

高校球児の憧れはプロ野球選手、メジャーリーガーです。速いボールを投げたい、打球を遠くへ飛ばしたい、守備を上手くなりたい。厳しい練習を積み重ねて、夢舞台に立つためには、優秀な指導者が不可欠です。

プロ野球経験者に手取り足取り細かく教えてもらいたい、というのが願いですが、アマとプロの交流は柳川事件（注：1961年、プロによるアマ選手の引き抜き）によって、長年にわたり途絶えていました。同じ野球界に身をおきながら、指導どころか、意見交換、接触さえできない異常事態が続きました。

柳川事件によって、プロに裏切られたという思いを引きずるアマ側は頑なでしたが、「なんとかしなければ」と、互いに歩み寄ろうとする機運が生まれます。

2003年1月、脇村会長は川島広守プロ野球コミッショナー（当時）とトップ会談を行い、関係改善への第一歩を踏み出しました。同年12月には、高校生、指導者と、現役プロ選手によるシンポジウム「夢の向こうに」が開かれ、年明けの1月、ドラフト制度の覚書をプロ側と交わし、調印します。

大きな流れを作った脇村会長は神奈川県立湘南高校の内野手として、1949年夏の甲子園で初出場優勝を成し遂げています。元プロ野球選手で評論家の佐々木信也氏は湘南高校の一年後輩にあたります。東大に進学後、主将を務め、社会人の東洋紡富田のメンバーとして都市対抗にも出場しています。

その輝かしい球歴を高く評価し、尊敬の眼差しをおくる人物がいました。

長嶋茂雄氏です。

「ミスタープロ野球」と対面、東大と立大の選手として、六大学野球をプレーした思い出話に花を咲かせます。

脇村会長から直接、その時のやり取りを聞きました。

「長嶋さんは、こう言ってくれました。

『先輩のことは忘れられません。神宮球場で同じ三塁手としてプレーしましたよね』

嬉しかった、本当に嬉しかった。だって、あの長嶋さんが私をずっと覚えてくれたのだから」

60年以上過ぎたにもかかわらず、輝いていた青春時代のプレーが「ミスター」の脳裏に刻まれていたとは。このエピソードを話すときの脇村さんは、高野連会長でなく、一人の野球人に戻っていました。

日本学生野球協会、日本野球機構（ＮＰＢ）は13年、元プロ野球選手の学生野球資格回復について、それぞれが主催する研修を受け、適性検査に合格すれば、高校や大学の野球部の指導ができる資格を認めることで合意しました。

歴史的な和解の礎えを築いた脇村さんは19年1月、野球殿堂入りを果たし、その功績は永遠に語り継がれます。

▼部員数、4年連続ダウン

高校生の野球離れが続いています。高野連は2018年6月、加盟校数、部員数調査（18年5月末現在）の結果を発表しました。硬式部員数は昨年度から8389人減少して15万3184人。4年連続のダウンで16万人を割ったのは15年ぶり、加盟校数は18校減の3971校でした。

部員数の減少傾向は全都道府県でみられ、大阪府が474人と最も減りました。また、1年生部員が平成以降で最少の5万413人だったのは、将来的にショックな数字です。

吉田雄星投手の活躍で夏の甲子園100回大会準優勝の金足農業高校の地元、秋田魁新報は大会前に次のような社説を載せています。

夏の県勢は全国の舞台で113試合を戦い、通算成績は41勝72敗。98年以降は13年続けて初戦で敗れた。これを受けて県教育委員会は2011年に高校野球プロジェクト委員会を発足させ、実績ある県外指導者を招いてアドバイスを受けるなど強化に向けた取り組みを実施。事業開始後の11～17年の県勢は、15年に8強入りを果たすなど通算5勝

7敗となっている。

強化プロジェクトは、甲子園での県勢の活躍が地域の元気につながるとの考えで始められた。ただ、県議会の議論では、多くの競技がある中で高校野球だけ別枠で強化することへの疑問や、勝利至上主義につながりかねないとの指摘もあった。こうした声は一定数あるとみられるだけに、広く理解を得る努力が今後も求められるだろう。

日本高野連の調査によると、県内の高校野球人口（硬式）は09年の2188人をピークに減少基調となり、今年は1782人。今年の秋田大会には部員不足のため単独で出場できない6校が二つの「3校連合」を組んで参加する。連合チームはさらに増えるとみられ、部員が少ない高校で野球をやりたい生徒の思いをかなえる取り組みが一層重要となる。

（18年7月10日）

秋田県は、県勢の不振に危機感を持ち、強化プロジェクトを立ち上げ、全国大会決勝進出という大きな成果をあげました。レベルアップには成功しましたが、部員減少は全国的な問題です。

▼プロ経験者が指導者に

オールドファンなら、1973年、ヤクルトにドラフト1位入団した、永尾泰憲元内野手を覚えていませんか。近鉄、阪神でも活躍、85年のタイガース日本一に貢献した輝かしい実績を持つ永尾さんが2018年4月から、佐賀県立太良《たら》高校の監督に就任しました。

太良高はかつて強豪校の一角でしたが、この数年は部員不足から連合チームを組んだり、選手の熱中症で試合が続けられず没収試合になったりと苦戦しています。

プロ出身の監督の卓越した技術、豊かな経験に触れようと、野球に興味を持つ生徒が増えるか注目されています。

同年8月には、甲子園大会歴代最多監督勝利数の68勝の記録を持つ智弁和歌山高・高嶋仁監督が勇退しました。後任は阪神タイガースなどで捕手としてプレーした中谷仁氏です。名将の後継者というプレッシャーと戦っています。

もちろん、アマ出身で優秀で実績をあげている指導者はたくさんいます。プロ関係者と連携しながら、どうすれば部員減少に歯止めをかけられるか、対応を探るときではないでしょうか。

金足農高の吉田投手は県大会から甲子園大会決勝までマウンドに立ち続けました。猛暑の中で100球以上投げるのは肩や肘に負担がかかり、選手生命を縮める危険性があるから球数制限を設けよ、という意見が出ました。チームのために、自らの肉体を犠牲にする〝特攻精神〟に重ね合わせる人もいます。

確かに、メジャーリーグが100球をメドにしているのに、身体ができていない高校生に150球どころか200球前後も投げさせるのは酷使でしょう。

だからといって、球数制限を導入するのは安易です。力のある投手を何人も揃えているチーム、選手層の厚い私立の有力校がますます強くなります。部員集めに必死な公立校は苦戦を強いられます。

球数制限は、高校野球界の現状と絡む問題だけに複雑です。もう一つ気になったのは、マスコミが金足農のレギュラーメンバーのみで戦い、選手交代しない「9人野球」を褒め称えたことです。

選手起用、采配は監督の考えに基づくものですから、自由です。チーム事情もあるでしょう。でも、控えの選手が一度も試合に出場できないことに違和感を持ち、それを美談にする報道に疑問を持ちました。

▼ビジネスモデル崩壊

ＮＨＫは春夏の甲子園大会を朝から夕方まで、試合が長引けば夜まで完全生中継し、新聞はスポーツ面だけでなく、1面、社会面、地方版で伝えます。単独の競技、それも高校生のスポーツを大展開するのは、他に例がありません。

春夏の甲子園大会のときのテレビ中継や新聞を思い出してみてください。監督の采配、投手や打者の不調、不振などの具体的な敗因に触れようとしません。「もともと教育の一環だから」と、自粛しているように思えます。

やみくもにあら探しをしろ、と言っているのではありません。時には、踏み込むときがあってもいいのではないか、と。取材対象との「関係性」を重視して、見て見ぬふりをする。問題点を把握しながら、切り込もうとしないのは記者個人というより、組織の問題なのかもしれません。

部数拡張に躍起となる新聞社は、一つの手段として高校野球を利用しました。地方大会から報じ、記事のなかに、できるだけ多くの選手名をおり込みます。もちろん、写真も。本人、保護者、親戚、隣近所に広がれば購読者を獲得できますから。

ヒーロー原稿や地域密着のほのぼのとした記事が中心になり、コールド負けでも「善戦健闘」の見出しが躍り、試合内容の批判は封印されます。８００万部、１０００万部まで伸ばす重要なコンテンツでした。

栄枯盛衰は世の常です。テレビに続き、ＳＮＳ（ソーシャル・ネットワーキング・サービス）というニュー・メディアの攻勢にさらされ、勝敗結果どころか、イニングまで速報され、新聞社は追いつこうと自社のサイトで、地方大会をＬＩＶＥ中継します。翌日の朝刊を待たなくても情報を入手できるようになりました。

一見、時代の流れに対応したかのようですが、読者の新聞離れを招きます。印刷して配達する「紙の時代」は終わりました。ビジネスモデルが崩壊したのです。

日本新聞協会によれば、２０１８年の国内新聞発行部数（一般紙とスポーツ紙の合計）は４０００万部に届きませんでした。ピークの１９９７年は５３００万部に達していましたから、この20年間で１３００万部以上も減ったことになります。

1世帯当たりの部数は、08年に「1」を割ると、18年は0・7までに落ち込みました。かつては、一般紙を2紙、さらにスポーツ紙を定期購読していた家庭がありましたが、もう過去の話です。あの時代に戻ることはありません。

電車に乗れば、みなスマートフォンと、にらめっこです。新聞を広げている人を見かけるのはマレです。若者は新聞社そのものに魅力を感じないようになっています。

東京都内の大学で開かれたマスコミ就職セミナーに、取材経験を持つ者として顔を出したときの話です。

新聞、テレビ、出版、広告の4つに分かれて席が設けられ、50〜60人の学生が参加していましたが、新聞のセクションには1人も近づいてきません。

「われわれが置かれている立場を象徴しているね。予想はしていたが、まさか、ゼロとは」

「このセミナーに10年近く携ってきたけど、誰もこないなんて初めて。驚きというより、情けない」

90分間にわたり、まったく見向きもされず、さらし者になった新聞人たちは、苦笑いするだけでした。

若者だけでなく、あらゆる年代で、速くて拡散力のあるSNSに席巻されているのは明らかです。部数を伸ばした成功体験にすがり、手をこまねいてばかりはいられません。キレイごとや上っ面を撫でているだけでは、取り残されていくばかりです。

ネット上にはフェイクニュースが流れています。今ほど、事実を読み解く力、メディア・

00 ～ 18 年　新聞発行部数推移 (単位は万部)

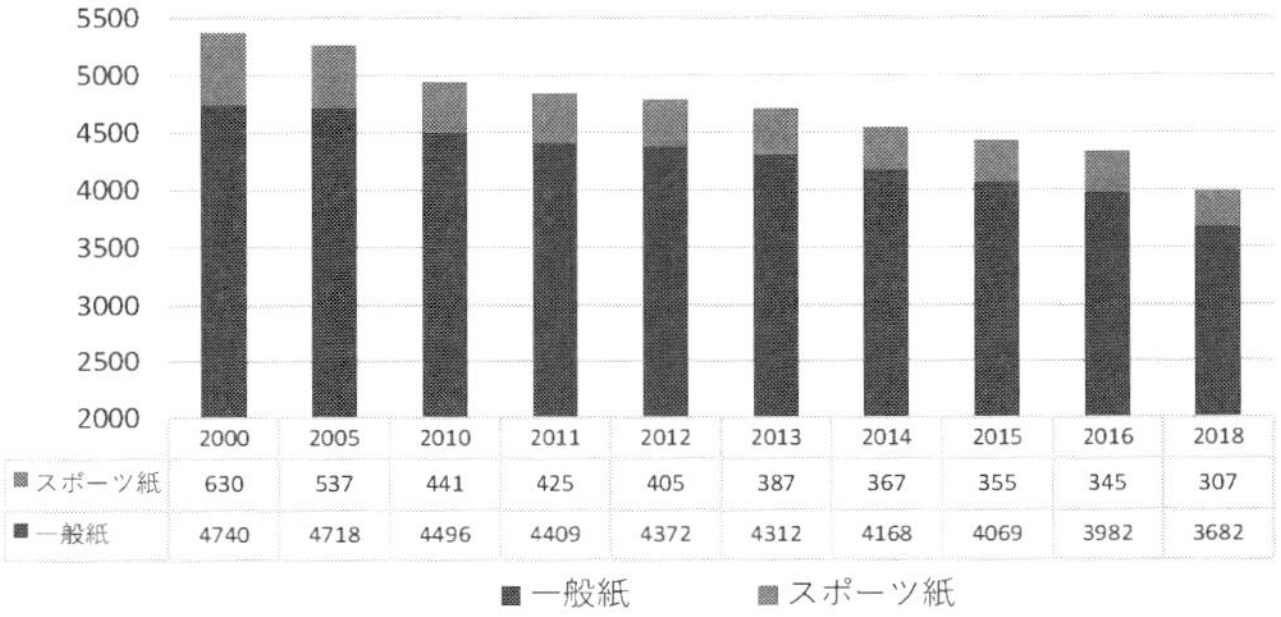

スポーツ紙は半減

	一般紙	スポーツ紙	合　計
2000年	47,401,669	6,307,162	53,708,831
2010年	44,906,720	4,415,120	49,321,840
2015年	40,691,869	3,554,819	44,246,688
2018年	36,823,021	3,078,555	39,901,576

1世帯あたりの部数

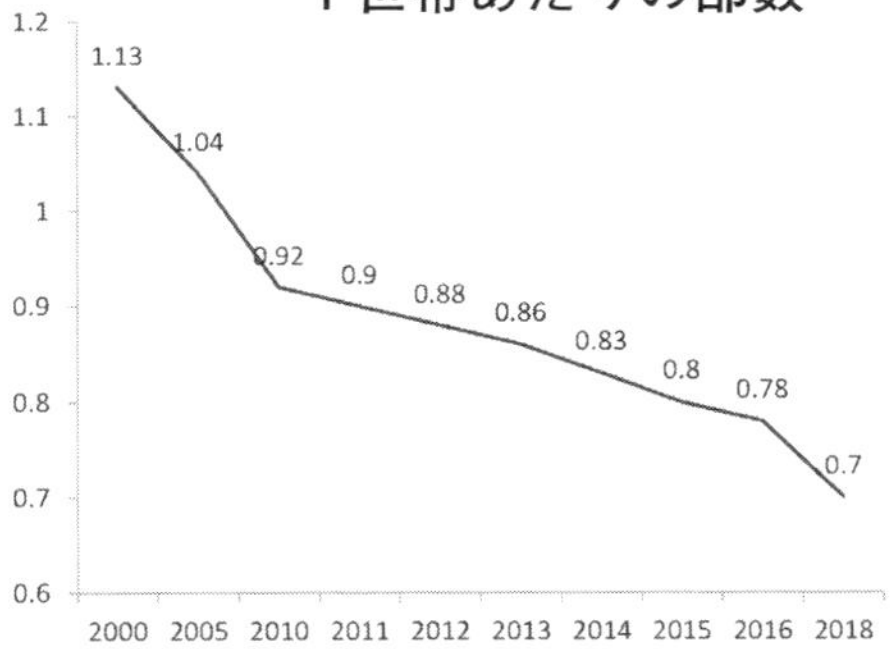

2018 年　日本新聞協会

リテラシーが求められている時代はありません。ニュースを掘り起こし、腰を据えてじっくり取材するには時間がかかります。事が起きたときだけ騒ぐのではなく、しつこく永続的に追いかける報道姿勢が必要ではないでしょうか。

ピンチをチャンスにするのです。今こそ、新聞の底力を発揮するときです。

▼酔っ払いからのタレコミ

電話の呼び出し音が鳴っています。最短距離に座りながら、放置を決め込みました。紙面づくりの責任者のデスク当番としてはスムーズな出稿が何よりも優先します。朝刊の締め切り時間まで、15分を切り、目の前のワークステーションには現場からの原稿が溜まり始めていました。

デスクは瞬時の判断と処理能力が問われ、1分1秒を争います。連日連夜、時間との勝負を重ねています。テンションが上がり、とても電話に出ている余裕などありません。

「誰か、いないのか」

怒鳴りつけたい思いを我慢しながら、周囲を見回すと、サブデスクの同僚が別の電話で現場と打ち合わせをしながら「長引きそうだ」と目配せしてきます。

内勤記者は調査資料室へ過去記事のスクラップを取りに行かせていました。学生アルバイトにすがろうとしたが、姿が見えません。

「肝心なとき、いつもいないんだから、アイツは」

学生に八つ当たりするのは、あまりにも大人気ないと、言葉をのみ込みます。結局、自分が出るしかない状況に追い込まれました。

受話器を耳にあてると、相手は酔っぱらいでした。呂律が回っていない。よりによって、こんな状況で、と悔やんでも後の祭りでした。

「オイ、最近、長嶋監督が元気ないけど、なぜか分かるか」

いきなり、「オイ」呼ばわりです。冷静にならなければ、と自らに言い聞かせたものの、つい、突き放す口調になってしまいます。

「そうですかねえ。チームの調子が悪いからでしょ」

ペナントレースの開幕前、巨人は優勝候補の一角にあげられながら、チームの調子が上向きません。強攻策が裏目になったり、継投失敗が続いたり、采配ミスが目立っていました。

▼まさかのネタに豹変

「新聞記者だろ。偉そうにしているけど、何も知らないんだな」

言いたい放題、ますます絡んできます。日ごろ、後輩たちに「読者からの電話には丁寧に」と注意しているだけに、それなりにしようと思っていましたが、締め切り時間が刻々と迫り、手元で5本以上の原稿が出稿を待っています。

「申し訳ありませんが時間がないので」

頭に血がのぼり、思い切り受話器をたたきつけようと、耳から離して左手を大きく振り上げようとした瞬間でした。

「だったら、教えてやるよ。母親が亡くなったんだよ」

「え、本当ですか」

まさかのネタが、はるか向こうから舞い込んできました。夜回り、朝駆けを重ね、足を棒にしても端緒さえ摑めないのに。

もう、手の平返しでです。出稿は後回しにして、これ以上、冷たくして切られたら拙いと、急に猫なで声に変わります。ますます原稿が溜まっていきますが、今は、電話の主が最重要人物です。その豹変ぶりを突っ込まれました。

「現金なもんだな。さっきまでとは、まるで別人じゃねえか。さんざん、オレのことを邪魔者扱いして、早く電話を切ろうとしていたくせに」

「いや、いや、そんなことありません。それより、いつ、どこで亡くなったんでしょうか」

「本当に救いようのない大バカもんだな。記者の端くれなんだろ、それを調べるのが、オマエの仕事じゃねえか」

「その通りです。すいません」

すべてがごもっともでした。相手には見えませんが、何度も頭を下げました。ネタを引っ張り出せるかどうか。

「何年経ってもダメな記者なもんで」

洗いざらい話してもらおうと、聞き役に徹しました。

「葬式は親族だけだったらしいよ」

「え、もう葬儀は終わっているんですか」

「同じことを何度も何度も言わせるな。とにかく、調べてみろよ、オレの話がウソかどうかを。実家の隣近所で噂になっているから、確かめてみな。ま、しっかり、やんなよ」

最後は励まされてしまいました。電話を取ったときはツイていないと思いましたが、ひょっとしたら、大当たりかもしれない。久しぶりの高揚感からか、自分でも顔が紅潮しているのが分かりました。

▼担当記者を走らす

朝刊づくりが一段落した午前2時過ぎ、担当記者に事の次第を知らせました。

「監督のおかあさんが亡くなったというタレコミがあった。朝一番で裏取りに走ってくれ」

「こっちには、そんな話まったくありません。タレコミって信頼できる筋ですか」

「ただの酔っ払いのオヤジさ。どこの誰かも知らん」

「デスク、そんなヤツの話を信じるんですか。ガセ、ガセに決まっていますよ。相変わらず人使いが荒いんだから」

「ま、そういうなよ。オレだって半信半疑さ。でもな、外れかどうか、取材してみなければ分からんぞ。役所で届が提出されているかを確認して、それから監督の実家周辺の聞き込みをやってくれ」

身元不明の酔っ払いに引きずり回されるなんて、という現場の反応は当然です。逆の立場だったら、もっと反発したでしょう。「半信半疑」と答えたものの、真偽のほどは10％あるかどうか。それでも、確認作業の指示を出しました。

夜が明けた午前中、ほとんど眠っていないのにフットワークが軽い担当記者から電話が入りました。

「当たりです。役所で確認しました。その足で実家の近所を聞き込みしたら、葬式は親族だけで済ませたとのことでした」

記者の声が上ずり、興奮が伝わってきます。次は監督本人への取材です。

「今夜は試合の途中で、球場を抜け出せ。監督の自宅前で、帰ってくるのを張っていろ」

「ゲームはいいんですか」

「こちらで、なんとかする。周りに気づかれないように、そっといけ」

「分かっています。うまくやりますから」

試合が早く終わることを願っていると、約3時間でゲームセットになりました。監督は直接、自宅に帰るだろうから、午後11時前後には取材できる。既に、予定稿は作ってありますから、業界用語でいう〝ジカアタリ〟直接取材のみです。腕組みをして、会社の天井のシミを見つめながら、連絡を待ちました。

他社を出し抜く快感がこみ上げてきます。胸の鼓動が早くなり、席にじっとしていられません。

電話が鳴ります。

「あっさり認めました。間違いありません」

その一報を受けて、記事を出稿した直後でした。

共同通信から「巨人の長嶋監督の母親が亡くなっていた、との情報があり、現在、確認中です」という速報が流れました。

シーズン終了後に発表する段取りでしたが、「マスコミに漏れた」という報告を受けた球団が通信社に流したのでしょう。結局、スクープとはなりませんでしたが、突然の情報提供から始まった24時間のやりとりを鮮明に覚えています。これだから、やめられないと記者人生に深く刻まれています。

あの酔っ払いは誰だったのか、他にも報道機関があるのに、なぜ、こちらにかけてきたのか、永遠の謎です。

▼1割打者で十分

新聞社には連日、多くの情報が寄せられます。SNSの時代となり、より距離感がなくなりましたが、フェイクニュースに惑わされないよう神経をとがらせています。

深夜になると、酔っ払いだけでなく、孤独を癒すために電話をかけてくる人がいます。たとえ、午前2時、3時でも話に付き合ってくれるのではないか、と悩み事や人生相談を持ち掛けられることさえあります。

大切な読者ですから、むげにできません。よその新聞の読者、新聞など読んだことがない人であっても、睡眠時間を削り対応します。記事になるネタなどないのが現実ですが、もしかして、万が一あるかも、と耳を傾けます。

もちろん、口を開けて待っているだけではありません。基本は街場の声を聞くことです。

①失敗を恐れるな

②待つことに耐えろ

③好奇心を養え

先輩から、この三本柱をもとに「足で書け」と教えられました。

取材先に通っても、通っても手ぶらで帰る日々が続きます。10回のうち1回でもネタを拾ってくれれば上出来、だからといって、無駄を惜しんではならない、と。

取材対象に会い、話を聞けるまで、ひたすら待ち、耐える。野球選手は3割打者が一流の証し、記者は1割打者で十分です。

40年間におよぶ記者生活を通じ1割打者にもなれませんでした。取材に空振りは付き物です。一歩、一歩の地味な取材を積み重ねても報われない日々が続き、それに耐え忍びながら、苦しい道を歩み続ける覚悟が求められます。

▼意味不明の「ゼンゲン」

新人時代は24時間勤務を強いられ、〝雑巾がけ〟の日々でした。手書きの原稿は1行も読まれず、ゴミ箱に捨てられ、書き直しです。事件事故が発生すると、「被害者の写真を入手するまで帰ってくるな」という厳命が下され、手ぶらで戻れば、身の置きどころはありませんでした。

過重労働、パワーハラスメントという言葉がない時代です。劣悪な職場環境のエピソードは増幅されていきます。若手記者は、耐えるしかないのですが、忘れられないフレーズがあります。

あるとき、先輩たちが「ゼンゲン」「ゼンゲン」と楽しそうに話していました。

「今度の休刊日は温泉へ行くらしいぞ」

「夜の宴会が荒れそうだな。酔ったふりして、支局長やデスクに絡んでみようか」

「無礼講だから、どさくさ紛れに鬱憤晴らしするか」

いたずらっ子のようにニヤニヤしています。こちらは「ゼンゲン」の意味が分からず、字も浮かびません。質問すれば済むことですが、「そんなことも知らないのか」と怒鳴られるのがオチです。仕事ができない新米記者は孤立感を深めるばかりです。
辞書には次のように書いてありました。

「全舷（ゼンゲン）新聞記者などが部署単位で慰安旅行に行くこと。新聞業界用語。【補説】旧海軍の用語で、船員の半数が寄港地に上陸して休暇を取り、半数が艦に残ることを「半舷（上陸）」と呼んだことから転じた。新聞休刊日の前日など、多くの記者が休める日に行われることが多い」（大辞泉）

なんだ、慰安旅行じゃないか。わざわざ海軍用語を使わなくてもいいのに、と思ったものの口には出せませんでした。

▼周回遅れの古い体質

さすがに「全舷」は死語になりました。慰安旅行そのものがなくなったのかもしれません。その一方で「遊軍記者」は使われていますので、聞いたことがあるでしょう。「どうせ、われわれは兵隊だからさ」と若手が自虐的に口にするケースもあります。
業界用語で片付けられない慣習が残っているのではないでしょうか。外からは、新聞、テレビ業界は華やかで、時代の最先端を走っているかに見えますが、人間関係や働き方などで、世の中の趨勢から周回遅れの部分が多々あります。

新聞、テレビ離れが顕著になり、大手新聞社もテレビのキー局も経営状態は苦しくなっています。経費節減を強く求められる時代になりました。記者は取材、送稿だけでなく写真や動画撮影など一人なん役をこなさなければなりません。

「現場なんか行かなくてもいい。メールかＳＮＳですませろ」

「インターネットで情報を集めろ」

「無駄を省いて結果を出せ」

上司は費用対効果ばかりに気にするようになりました。１割打者論を持ち出したら「何を言ってるんだ」と一蹴されるでしょう。失敗が許されず、スピード第一です。

「時間がないから」と取材が甘くなるケースさえあります。〝ボールを置きにいく〟ようでは、面白いニュースを掘り出せず、新聞・テレビ離れが広がります。仕事は失敗を繰り返しながら覚えるものという教えは風化してしまったのでしょうか。

▼ネット裏から消えた

記者席がネット裏から次々と消えています。その流れを追うと、野球取材の現状の一端が見えてきます。

東京ドームの記者席は1988年3月、日本初の屋根付き球場として開場以来、バックネット裏上段にありました。投手の球筋、ストレート、変化球などを1球1球、肉眼で確認することができました。記者は投手と打者の駆け引きはもちろん、審判のジャッジまで見逃してはならないと、前のめりになります。接戦になれば、試合展開に引き込まれ、息をのみながらボールの行方を追います。

2016年シーズンから、三塁側1階席の最上部に移されました。真後ろではなく横から球筋を見るようになり、内外角のコースが分かりにくくなり、席に設けられたテレビ・モニターでチェックするものの判断は難しい。打球が放たれてからグラウンドに視線を向けるので、一瞬、目を切らざるを得ないためにワンテンポ遅れます。

ファウルボール、特に左打者のライナー性の打球が飛んでくる危険地帯にもなりました。自分の身を守ることが優先され、ゲームに集中できないという悲痛な声さえ聞かれます。

現場にいながら映像に頼るのは、大相撲取材に重なる部分があります。両国国技館はもちろん、大阪、名古屋、福岡場所で観客席のなかに記者席が設けられているものの、相撲記者はほとんど座りません。

支度部屋のテレビで勝ち負けを確認したのちに、東西に分かれて引き揚げてきた力士を取材しなければなりません。家族や関係者の声を拾うとき以外は映像をもとに記事を書きます。スポーツ取材で特異な例の大相撲にプロ野球も近づきつつあります。

▼なぜ、記者席が移ったのか

「記者はいつも特等席で観戦できて羨ましい」

野球ファンから、皮肉を込めた言葉を何度も浴びせられてきましたが、もう、過去の話です。スタジアム側はファンに臨場感あふれる席を提供して、チケット販売の売り上げを伸ばしたい。報道よりもファンサービス優先で、ビジネスチャンスを広げようとしています。

東京ドームだけでなく、かつてネット裏に記者席があった千葉ロッテマリーンズの本拠地、ＺＯＺＯマリンスタジアムも移りました。横浜ＤｅＮＡベイスターズの横浜スタジアムは、まさにネット裏にあり、テレビ中継が始まると、記者の行動が映し出され、会社から「弁当なんか食っていないで、しっかりゲームを見ろ」「試合中にウロウロするな」などと怒られたものです。

そんな笑い話が消え、現在はスタンド最上部へ。エレベーターがないため、夏場は上り下りで汗びっしょり、コワい、コワい上司の監視の目が届かなくなりましたが、グラウンドは遥か遠くになってしまいました。

一部の記者から「横浜のランドマークタワーの『みなとみらい』のビル群が見えて、なかなかの眺め」などという声を聞くと、本当に寂しくなります。

ヤクルト・スワローズの神宮球場は、グラウンドレベルを守り続けていますが、2020年東京五輪・パラリンピック後に取り壊され、新球場が建設されれば、ネット裏から消えるかもしれません。

往時を知る者の一人としては、野球記者が球界を盛り上げ、観客動員を増やす一助になったという思いがあります。時には厳しい批判を浴びせ、うっとうしい存在だったかもしれません。嫌われようが、疎んじられようが、やるときはやる、という気概を持って取材にあたっていました。

▼球団べったりの担当記者

「タバコが吸えるところで話をしよう」

今や少数派になった愛煙家の同僚に喫茶店に連れていかれました。何の仕切りもない、席がただ単に禁煙、喫煙に分かれた古い店でしたが、ほぼ満席でした。いわゆる〝お一人様〟はスマートフォンをいじっているか、居眠りしています。

ビックリしたのは、新聞スタンドに置かれた一般紙やスポーツ紙に手が触れたあとがなく、まっさら、キレイな状態のまま。もう、午後2時過ぎです。朝から誰も読んでいない、ということになります。

電車の車内で、新聞を広げている人が消えました。紙面づくりに携わってきた者としては寂しい限り。スマートフォンの画面に夢中です。ニュースはネットで見る時代、なかでも、スポーツは速報がどんどん更新され、ライブ感覚で情報収集できます。

読者が離れていったのは、ＳＮＳのせいでしょうか。

清く正しく、さわやか、感動、汗と涙。高校野球、五輪、サッカー日本代表などのスポーツ報道に美辞麗句が並びます。各社は、これでもか、これでもか、と伝え、似たり寄ったりの紙面が作られます。競っているようで、結果的には横並びになります。

スポンサーへの配慮があります。どうだ、面白いだろう、すごいだろう、涙なくしては、と押し付けられると、読者はシラケてしまいます。

試合に負けても「善戦及ばす」「惜敗に涙」です。「もっと厳しく書け」「敗因の検証を」

という声があるのに、取材がやりにくくなるから、と自主規制してしまいます。

プロ野球のキャンプは2月1日に始まると、すぐに節分です。大物新人が入団したチームは、豆まきの写真がお約束となります。いつからか、「鬼役」に担当記者が登場するようになりました。そこまで絵作りをするのか、と書いたところ、「現場もいろいろ苦労しているんです」と抗議されました。

記者がそんなことをするなんて、想像さえできません。自らはもちろん、促されても断りますし、第一、やれ、という上司などいませんでした。苦労は理解します。でも、どうしても必要な写真でしょうか。中には、何も考えず、喜々として「鬼役」をこなしている記者がいるとか。というより、チームの一員になった、と勘違いしているのです。

「豆をまくのではなく、本気で投げました」などという選手のコメントをどう思うでしょうか。内輪だけで楽しんでいるのではないか、逆に疎外感を持つかもしれません。

読者が賢明であることを肝に銘じて紙面づくりをしないと、墓穴を掘ります。

▼王監督の教え

巨人担当のとき、王貞治監督は誠意を持って対応してくれました。批判的な記事を書いても、普段と変わりません。

野球の奥深さ、面白さを教えてもらいました。一番、勉強になったのは、野球に対し厳しく、真摯に向き合う姿勢でした。新人記者の〝あさっての方向を向いた〟質問にも答えてくれました。ほとんどの監督は「バカなことを聞くな。勉強してこい」と怒鳴りつけて席を立ちます。王監督は苦笑いを浮かべながら、なんとか、答えを見つけようとします。その律儀さに頭が下がるばかりでした。

真夏のナゴヤ球場の試合前の取材でした。強い日差しと蒸し暑さで立っているだけで汗が吹き出します。Tシャツとジーパンの記者がいました。

「暑いのは分かっているけど、もう少し、なんとかならないのか。グラウンドは我々にとって戦場だから、敬意を払ってくれ」

反省せざるを得ない指摘でした。取材する、される側、互いを認め合う緊張関係がありました。

王監督は選手交代を審判に告げるとき、必ずウインドブレーカーを脱ぎます。

「お客さんへの礼儀です。私のユニホーム姿を見に来てくれる人がいるかもしれないでしょ。ファンサービス？　そうじゃなくて、野球人としての基本だよ」

最近は、ウインドブレーカーを脱ぐどころか、ダッグアウトからさえ出ないで、交代選手を手で示す監督もいます。分かりづらいうえに、横着しているように見えてしまいます。

▼先輩の背中を追う

駆け出し記者時代は手書きの原稿用紙をファクスで送信する時代でした。プロ野球のナイトゲームは時間との勝負です。

速く、正確、面白い。この三要素が求められますが、頭で分かっていても、実際にはできません。締め切り時間が刻々と迫るのに、一向にマス目を埋められず、焦れば焦るほど、書けなくなります。額に冷や汗、手のひらに脂汗がにじみ出ます。

ベテラン記者は、あっという間です。60～70行の原稿を15分くらいで書き上げて、大声で試合を振り返りながら、解放感に浸っています。感心している場合ではありませんが、見とれてしまうことがあります。

他社の先輩たちの立ち居振る舞いに目を配りました。ニュースに強いタイプ、読者を唸らせる名文家、記録の大家など個性豊かでした。話題の中心は夜の街とギャンブル。遊んでいるようで、人知れず取材を重ねています。少しも仕事しているようにはみせません。

千本ノックを受けていると必死に食らいつきました。

「いつか、あなたたちみたいな記者になりたい」

背中を追いました。具体的なアドバイスを受けたわけではありません。彼らの書いた記事を何度も繰り返し読み、スクラップしました。マネることから始めました。ようやく名前を覚えてもらい、時々、声をかけられるだけで、胸が躍りました。一緒に現場いる喜びが支えになったものです。

20、30年の経験を重ね、自分が若い人に何かを伝えられるか、となると、全く自信はありません。

先日、街で偶然、5、6歳下のライバル社の記者に会いました。担当競技が違ったため、同じ現場を踏むことはほとんどありませんが、見識、分析、筆力とも一目おいていました。

「すっかり現場が変わってしまいました。以前は、互いに認め合って競ったでしょ。会社など関係なく、いや、他社のみなさんから仕事を教わったものです。とても刺激的でした。こういう記者がいるんだ、と」

「私もそれなり年齢になったから、自分の会社に限らず、いろいろ気になります。だから、聞かれれば、アドバイスしたいけど、まず、ありませんね。話をしないで、スマホかパソコンの画面ばかり見ているから、会話なし。これから、どうなるんですか、新聞社は」

似たような経験をしたことがあります。取材のイロハに近いことを若手記者に注意すると、唇をとがらせながら反論されてしまいました。

「だって、そんなの会社が教えてくれないんですから。周りを見て覚えろ、ですか。そんなの無理ですよ、ちゃんと一から教えてくれなくては」

水飲み場まで手を取って連れていけ、と訴えられました。時代が変わった、ということでしょうか。それにしても、です。

ＪＯＣ、各競技団体の人材が育っていない、と指摘してきましたが、メディアも同じ。責任の一端を感じています。

▼報道にも経験主義

大相撲の横綱は絶対的な存在です。綱を締めたことのない師匠は、なかなか物が言えません。注意しても効き目のほどはどうでしょうか。互いの関係は微妙です。五輪メダリストにも一歩、二歩と引き下がってしまいます。

日本のスポーツ界は実績主義です。すべてではありませんが、その弊害が一連の不祥事に関わっています。もともと先輩後輩の縦社会ですから、強固な権力構造が作られ、それに、すがる者も加わり、独裁体制になります。

では、報道する側はどうでしょうか。

「やったこともないのに偉そうなこと言ったり、書いたりするな。じゃ、やってみろ」

「トップアスリートがどんなプレッシャーと戦っているか、分からないくせに」

経験していないから説得力がない、という論理です。

県予選1回戦敗退の経験しかない、中学、高校時代を通して「帰宅部」、大学でスポーツに縁がないサークルだった。もちろん、バッターボックスで140キロを超える速球を肌で感じたことはない。

一理ありますが、すべてではありません。ジャーナリストは取材対象に距離をおかなくてはなりません。渦中に飛び込まず、冷静な判断が求められます。ところが、最近は経験者が増えています。それも部活動レベルではなく、錚々たる実績を持つアスリートです。

例えば、野球なら甲子園、ラグビー、アメフトなら大学選手権出場など輝かしい実績を持っています。学生時代で区切りをつけて、政治、経済、社会を取材したい希望があるのに、スター選手と同じ釜の飯を食った、名将といわれる監督から直接指導された、競技団体に顔が利くなどの理由で、スポーツの現場に立っているケースがあります。本人にすれば複雑でしょう。

新聞社、テレビ局という組織が彼らの人脈で情報を集め、放映権、スポンサーシップというビジネスチャンスまで広げたい思惑があるのかもしれません。

経験の有無に関係なく、ヒューマンストーリー、美談の記事が目立ちます。批判は解説者に任せきり、彼らも自らが育った競技団体への配慮があり、当たり障りのないコメントになってしまいます。選手を褒めまくり、家族や友人とのエピソードを紹介して、ここまで食い込んでいるとアピールします。

伝える側が鋭く切り込まないせいか、受け取る側も求めなくなってしまったのではないでしょうか。懸命にプレーしている選手の「涙と感動のドラマ」を批判するなんて、と。

世の中は暗く、陰湿な事件ばかり。せめて、スポーツは明るい話題を取り上げてほしい、となります。

マスコミの古い体質の象徴が経験主義です。「新機軸にチャレンジ」とか言いながら、恐る恐る周囲を見回しています。横並びの組織を崩すのは、記者個人です。

▼舞台裏を知りたい

かつての担当記者には球団の不都合な真実を追いかける「コワイ記者」がいました。取材対象と一線を画し、緊張感を保つことで存在感の大きさを示しました。

今は担当記者になると、球団から携帯電話の番号とメールアドレスなどを聞かれます、連絡事項をはじめ、試合中には選手の談話まで流れてくるシステムです。

例えば、ホームラン一発で勝負が決まったとします。試合終了後のテレビ向けのヒーローインタビューと合わせれば、ベンチ裏で直接、選手に取材しなくても記事が書けます。スタンド最上段の記者席から上り下りするのは時間の浪費なうえに億劫、面倒臭いと思えば、席に座ったままで十分、もう、お腹いっぱいという記者がいます。

駆け出しのころ、テレビのインタビューを中心に記事を書くと、「取材していない証しだな。もっと生々しいカギカッコはないのか」とデスクに叱責され、差し替えを命じられました。

野球人気の低迷でテレビ中継といえば衛星、ＣＳ放送が中心。視聴率が落ちているから、テレビに流れたコメントをそのまま使ってもＯＫという記事を読まされるほうはたまりません。

時代が変わろうが、メディア環境が変わろうが、野球好きは映像に映し出されなかった踏み込んだ記事、舞台裏で何が起きていたのかを知りたいはずです。

「新聞に、こんなことが書いてあったけど読んだ?」

「面白い話だね。早速、読んでみるよ」

こういう会話が聞かれなくなりました。新聞離れが深刻なのは、読者の期待に応えられていないからではないでしょうか。

広報体制がしっかりと構築され、緩急自在、絶妙な手綱さばきを誇る球団が増えています。メディア・サービスに取り込まれて「おとなしい記者」になっていく。自分が特別な存在と勘違いしてしまう者までいます。

みんなが知っている話で満足して、「不都合な真実」まで突っ込もうとはしません。貪欲で毅然、やるときはやる、という気概を持った記者はどこにいってしまったのでしょうか。

政治や事件事故だろうが、スポーツだろうが同じです。深く、鋭く切り込む姿勢を崩したら、もはや、ゲームセットです。記者席がネット裏から消えたのは、野球取材の衰退を象徴しているように思えてなりません。インターネットの台頭に責任転嫁するのは的外れです。

▼道標なき道

1900年初め、〝鉄壁の守り〟といわれたカブスの二塁手、ジョニー・エバースは、こう述べています。

「野球選手には二種類の名声がある。ひとつは他の選手からの評価で、もうひとつはファンからのものだ。前者はその選手の能力によっている。後者は記者の書く記事でつくられる」(『野球は言葉のスポーツ』)

100年以上前の言葉ですが、野球記者には重く響きます。

1940年代後半から50年代、メジャーリーグのジャイアンツなどで、遊撃手として活躍したアルビン・ダークは敬虔なクリスチャンらしい言葉を残しています。

「神はなんぴととも等しく愛せ、と教えた。その教えに従おうと必死に努力したすえ、私が最後に愛せるようになったのが野球記者だ」(同右)

ダークは現役引退後、ジャイアンツの指揮を執り、リーグ優勝を果たしながら人種差別発言で解任され、1974年、アスレチックスの監督としてワールドチャンピオンになっています。名選手、名監督であっても、いや、そうだからこそ、記者との軋轢があったのでしょう。

野球のすばらしさを伝えるのは当然です。とはいえ、暴力、高校野球の部員減少、プロ野球中継の視聴率低下などから目をそらし、「感動ストーリー」づくりだけに勤しんでよいのでしょうか。

日々、選手たちは勝利と自らのレベルアップのために戦っています。スポーツ記者も同じです。若手もベテランもありません。ファンや読者にどう伝えていくか、道標がない道を一歩ずつ試行錯誤しながら歩むしかないのかもしれません。

第4章

2020年東京五輪は大丈夫か?

▼首相見送りを優先

各国オリンピック委員会連合（ANOC）総会が2018年11月、東京で開かれ、206カ国・地域の国内オリンピック委員会（NOC）や国際競技団体から約1400人が参加、特別に入国が認められた北朝鮮の金日国体育大臣も出席しました。

世界のスポーツ関係者が一堂に会する国際会議の冒頭のハプニングが、インターネットの動画サイト「ユーチューブ」によって配信されました。

何が起きたのでしょうか。

元ＪＯＣ国際業務部参事で、スポーツコンサルティング会社「ゲンキなアトリエ」代表の春日良一氏が「スポーツ団体ガバナンスコードはスポーツへの政治介入～スポーツ議連の正論の過ちを斬る～」と題するコラムを書いています。

日本で初めての各国オリンピック委員会連合（ＡＮＯＣ）総会が開催された。オープニングから、ユーチューブでライブ中継される総会に見入っていた。ＡＮＯＣというのは、世界各国の国内オリンピック委員会（ＮＯＣ）で構成される連合である。

多くの人が国連に相当するスポーツ権威として国際オリンピック委員会（ＩＯＣ）を想像するが、実は、構造上近似なのはこのＡＮＯＣである。なぜならＩＯＣは本質的にはそれぞれの個人がオリンピックの理念に賛同しオリンピック運動を推進するために成り立っているプライベート機関であり、ＩＯＣ委員はＩＯＣがそれぞれの国と地域に派遣したオリンピック大使である。故に、ＩＯＣが代表するのはあくまでも「国」の利益ではなく、五輪の「利益」なのである。

それに対して国連はそれぞれの国が自らの国の利益を代表して集まり、その意見調整を計る機関である。それぞれの国や地域のオリンピック運動を統括するＮＯＣがその利益を代表して集まるＡＮＯＣこそスポーツにおける「国連」と言える。

ＡＮＯＣ総会では各国ＮＯＣが自国のＮＯＣのために様々な議論を行う場でもあるので、利害が関係し、様々な戦術が繰り広げられることもあり、取りまとめるにはそれなりの手腕が求められる。

トップに君臨することはオリンピック運動の世界で実に重要な任務であり、シェイク・アハマドがその職に長年あり、またできる限りその職にあり続けたいのは当然である。

アハマドが緊張した面持ちでオープニングの司会を始めた。緊張した面持ちであるのは、今回行われる予定であった会長選挙で自分がその会長職を続けるはずだったが、スイスで起こされた刑事訴訟が終結するまで一時的に活動停止する道を選んだ経緯を説明する必要があったためかもしれない。

決意を込めたオープニングスピーチを終え、安倍首相が紹介された。日本語で「日本の大会技術力と文化の魅力を十分に示し、安全、安心で、快適なおもてなし」を約束した首相が壇上を降りた。

アハマドは、次のスピーカーであるホストの日本オリンピック委員会（ＪＯＣ）の竹田会長を紹介した。しかし、竹田は安倍首相の見送りに降壇していた。誰かが「彼は出てったよ！」と言うと、困ったアハマドは次のスピーカーであるバッハＩＯＣ会長の挨拶に代えた。すると、ニコニコしながらマイクを取ったバッハは、「それでは日本オリンピック委員会に代わり、皆様を心より歓迎します。皆様が快適に過ごせるように努力します」と、あたかもＪＯＣ会長のスピーチの如く歓迎の意を表し始めた。

これには場内から爆笑が起こった。ＩＯＣ会長のスピーチの後、竹田は胸から紙を取り出し、流暢な英語で無難にスピーチを終えた。めでたし、めでたし。

否、否、ちょっと待った！

ここに、大きな問題が潜んでいる。まさにＪＯＣの現在が抱えている問題である。

不祥事が続いてきたスポーツ界を健全にするためスポーツ議員連盟が提言をまとめたという。各競技団体が守るべき規範を定めた「スポーツ団体ガバナンスコード」を国が作り、ＪＯＣの加盟競技団体については、同コードを順守しているかどうかの適格性を4年に一度審査するという。

本末転倒である。

スポーツがスポーツであるのは、それが「自律」しているからである。スポーツが一人一人の権利であるように、スポーツをすることは個人の自由である。それを政治が管理することがあってはならない。あまりに根本的なところを忘れてしまっている、否、知らない人間たちが、あまりにも多い。そして、スポーツの自律を脅かす決定を批判するジャーナリズムがない。

総会2日目のIOC会長のスピーチは心を熱くされるものだった。バッハはナショナリズムに言及した。

「パトリオティズム（愛国主義）は健全な心の持ち方である。しかし、それがナショナリズムに変わった時、それを我々は許すことはできない。我々は対話を支持し、平和を支持し、多様性を支持し、融合を支持し、敬愛を支持し、そしていかなる差別もこのスポーツの世界では認めないからだ。そのために共に働こうではないか！」

その精神をまさにオリンピズムがリードしていかなければならない。バッハはスポーツで最も大事なことは「自律」であると言い切った。でなければ、政権交代によって、国家間の関係が変わるたびにスポーツが支配されることになる。それは、いかなる差別もスポーツに認めないというオリンピック精神に反する。

思えば、私が日本体育協会に就職して以来、スポーツ自律の精神は先達からたたき込まれてきた気がする。先達たちとの関わりの中で、会議を通して、仕事を通して、この身に、しみ込んでいたのだろう。それはＮＨＫ大河ドラマ「いだてん」の田畑政治しかり、跳ぶ哲学者の大島鎌吉しかり、サッカーの岡野俊一郎しかり、そしてミスター卓球の荻村伊智朗しかり、スポーツが政治に犯されてはならないという確固たる信念である。

この思想があるからこそ、ＪＯＣの実務の意味があり、実務すなわちアドミニストレーションとは、この思想のもとにオリンピック精神を実現しようとする日々の努力でなければならない。その結果、スポーツが政治を正しき方向に導くこともできるのである。

しかし、ここ最近のスポーツ界の有様を見ると、生じた問題に対してスポーツの自治によって解決する気概を感じることができない。そこに仕方なく、政治の「良識」がやってきて、あたかも政治でしか問題が解決できないような雰囲気になる。超党派の議員連盟が動くことも当然のように映る。メディアもその根本的な誤りに気付かない。

どこに問題があるのか？　残念ながらＪＯＣにあるとしか言いようがない。ＡＮＯＣの仲間たちにウエルカムスピーチをすることよりも、安倍首相を見送ることを優先させてしまったＪＯＣ会長。日本政府とＪＯＣの関係が世界のスポーツ同志に見透かされてしまった。ＡＮＯＣの中にはもちろん政府の言うなりのＮＯＣもいるだろう。しかし、

ＪＯＣは伝統として、その心根に政治に負けまいとする信念をもっていたはずだ。バッハは時代精神（Zeitgeist）という言葉を使った。その時の支配的な風潮が何であろうと、「スポーツによる世界平和構築」のために闘っていく意志表明があった。スポーツのガバナンスはスポーツ界自身が努力しなければならない。

ＪＯＣが頑張るしかないではないか。

（一部敬称略）

18年12月4日「スポーツ思考」

開会セレモニーのスピーチは事前に、ＡＮＯＣ会長、開催国の政府を代表して総理大臣、ホストＮＯＣ会長、ＩＯＣ会長と決められていました。竹田会長は自分の順番を知りながら、安倍首相を見送りに行き、シナリオを崩しました。

軽妙なジョークで飛ばしたバッハ会長、爆笑で応えた出席者。一見、和やかに時が流れたかにみえますが、彼らの笑いには深い意味があったのではないでしょうか。ユーチューブで生中継されていたため、世界に配信されています。

ＪＯＣ事務局によると「会長はスピーチの順番を知っていたが、安倍首相が引き揚げられたので」とのことでした。「スポーツと政治」という深い意味などなく、単なる儀礼的なものと弁解するかもしれませんが、人の思いは態度に出ます。竹田会長が「ただ見送りしただけ」と言うのなら、心がこもっていないことになります。それでは、逆に一国の首相に失礼にあたります。

五輪運動を推進するＪＯＣの立ち位置が揺らいでいる象徴的なシーンでした。

メディアは報じていません。報道陣は総会会場にいたはずです。バッハ会長のジョークを聞きながら笑って済ませたことになります。

▼福島は安全なのか

ＩＯＣのバッハ会長はＡＮＯＣ総会を前に、東日本大震災の被災地、福島市を訪れ、野球・ソフトボール会場となる福島県営あづま球場を視察しました。

「スポーツは人々に希望や未来を与え、友人を作ります。心の復興にも大切な役割を果たすと信じています」

地元の中学生から歓迎を受けたバッハ会長は次代を担う若者たちにメッセージを送りました。

東京五輪組織委員会は招致段階から掲げてきた「復興五輪」に立ち返り、聖火リレーを福島県からスタートすることを決めました。
13年9月、ブエノスアイレスで開かれたＩＯＣ総会で、東京は20年夏季五輪開催都市に選ばれましたが、竹田ＪＯＣ会長（当時、招致委員会理事長）は記者会見で、こう答えています。

現在の東京は水、食べ物、空気についても完全に安全です。放射能レベルはロンドン、ニューヨーク、パリと同じで、絶対に安全なレベル。福島とは２５０キロ離れているし、ブエノスアイレスと全く変わりません。みなさんが想像するような危険性は全くないということをはっきり申し上げたい。

投票直前の安倍首相のプレゼンテーションです。

「フクシマについて、お案じの向きには、私から保証をいたします。状況は、統御されています。東京には、いかなる悪影響にしろ、これまで及ぼしたことはなく、今後とも、及ぼすことはありません」

（首相官邸ホームページ）

繰り返し取り上げられる「TOKYO」の安全宣言です。「統御」は「under control」と英訳されて世界に発信されました。では、「FUKUSHIMA」は、どうでしょうか。竹田発言直後の地元紙に、県外に自主避難している女性の声が掲載されています。

「東京は安全」と強調するのは「福島の現状はひどい」と認めること。なぜ2年半もの間、ひどい福島を放置してきたのか。ばかにしている。（13年9月7日　福島民報）

多くの人の献身的な努力で、被災地の状況が改善されつつありますが、東京電力福島第1原発はアンダーコントロールできているのでしょうか。政府や五輪組織委員会が「復興五輪」を強調すればするほど、虚しく聞こえてきます。

▼招致成功の功労者

東京が20年夏季五輪開催地に選ばれたIOC総会のプレゼンテーションで、招致成功に導いたスピーチがありました。

高円宮妃久子さまは、ＩＯＣの東日本大震災支援活動「『ＴＳＵＢＡＳＡ』ＩＯＣサポートプロジェクト」への謝辞を述べられました。

プロジェクトは若い選手たちに笑顔と希望をもたらしてくれました。日本語の「ツバサ」は英語で「ウイング」という意味です。この翼を得て未来へ、夢に旅立とうとしています。

皇族がこのように話をするのは初めてかもしれません。日本の皇族は常にスポーツを支援してきました。私の夫はスポーツマンでした。私は９つのスポーツ組織の名誉総裁を務めています。そのために非常に多忙です.

高円宮憲仁親王殿下とともに、長い時間をかけて築き上げた人脈はＩＯＣ内にも広がっていました。ブエノスアイレスに到着されると、積極的にＩＯＣ委員と会い、マドリードが立候補都市していましたが、スペインのフェリペ皇太子夫妻と親しく懇談されるなど、その行動力はライバル都市の招致関係者をも驚かせました。

スポーツを愛された高円宮さまは47歳の若さで薨去されましたが、「いつか、スポーツ界

東京・目白の学習院内に建つ追頌記念碑

に恩返したい」という遺志を久子さまが受け継がれ、56年ぶりの東京開催に結びつけました。招致を成し遂げた最大の功労者です。

▼アスリート皇族

桜の季節になると、自然と足が向きます。東京・目白の学習院。正門から入ると、ひっそりと建つ碑があります。

「ホッケーをこよなく愛された　高円宮憲仁親王殿下」

ホッケー部のＯＢ、ＯＧ組織「桜杖《おうじょう》会」が建てた追頌記念碑です。

高円宮さまは、日本ホッケー協会をはじめ、サッカー、スカッシュなど各競技団体の名誉総裁を務められ、アスリート皇族として普及と発展に大きく貢献されました。宮さまから、中等科まではスポーツが苦手で友人たちのプレーを遠くから見守っていたと直接、お聞きしたことがあります。

「腕の力が弱かったですね。うまくボールを投げられなかったから、野球はちょっとね。走るのも嫌いで、特に長距離は」

高等科に進学すると、一転、ホッケー部に入部します。テニスやスキーなどされる皇族方が多いなか、身体と身体がぶつかり合う接触プレーがある球技を選んだのは、なぜでしょうか。

同級生でチームメートの竹口友章氏がほほえましいエピソードを教えてくれました。

「ホッケー部は男子部がある目白ではなく、女子部（東京・新宿）の戸山グラウンドで練習していました。周りに女の子がいたほうが楽しいですから。陸上部も戸山でしたけど、きつそうでしたからね。ホッケーなら、そんなに走らなくてもよさそうで楽勝と思って入部したのですが……」

１９３２年ロサンゼルス五輪の銀メダリストで、64年東京五輪代表を指揮した小林定義氏が監督に就任すると、インターハイを目指す方針が打ち出されました。

当然、練習は厳しくなります。女子高生に囲まれながら、楽しく、適当にという胸算用を弾いていた生徒が「やってられない」と退部していくなか、猛練習に耐え、スティックの整理やレガーズ磨きなどもこなし、心身ともに逞しくなられました。

2年生になると、目標を達成します。東京都代表として、71年インターハイ徳島県大会に出場、和歌山県立御坊商工高（現・紀央高）戦を次のように振り返られています。

「ハーフタイムの時に何か騒がしいなと思ったところ、皇太子、同妃殿下（現・天皇皇后両陛下）がご臨席になった。そのせいか、負けていたゲームを後半に逆転して勝った。逆転勝ちは初めての経験で、これはまさしく奇跡だと思った」（桜杖会60年誌「ホッケーの思い出」）

半世紀近い時が流れても、ともに汗を流した竹口氏は忘れられません。

「あのときは暑くて参りました。宮さまもわれわれと同じ旅館に泊まり、雑魚寝でした。特別扱いは一切なし。試合後、みんなで近くの銭湯に行きましたが、『銭湯に入るのは初めて』と話されていたのを覚えています」

インターハイ後、スティックを離されるが、十数年後、再び、手にされて、かつてのチームメートらとともに、スペイン語で「柊」を意味する「エル・アセボ」というチームを結成しました。

皇族方はそれぞれ「お印」といわれるシンボルマークを持たれ、高円宮さまは「柊」、チーム名の由来は、ここからきています。

改めて、ホッケーの奥深さを知り、スポーツ界の発展に尽力しようと決意されました。

「仲間とホッケーをやって、人生観が大きく変わった。なんとか、スポーツ界に恩返ししたい。私にできることがあるのなら、なんでもする」

▼ロイヤルファミリー

高円宮さまは、国民体育大会の開催地に足を運び、地元の人と一緒にプレーをして汗を流し、試合後、車座になって酒を酌み交わしながら交流されたこともあります。国内にとどまらず、海外でも文化、国籍を乗り越えて友情を深められました。

サッカーの2002年ワールドカップ（W杯）日韓共同開催大会の前年、東京・元赤坂の宮邸を訪ねたときでした。

「ワールドカップは絶対に成功させないといけません。日本と韓国が初めて一緒になって行う事業ですから」

いつもは、穏やかに話されるのに珍しく語気を強めながら、皇族として戦後初の韓国公式訪問に向け、決意を述べられました。

「あちらの国に行くつもりです。ワールドカップを単なるスポーツの祭典に終わらせたくありませんから」

翌年の5月31日、ソウルW杯競技場のロイヤルボックスで、久子さまとともにフランス－セネガル戦を観戦されました。公式訪問に並々ならぬ意欲をみせられたのは、日本サッカー協会名誉総裁という立場にとどまらず、より深い思いがあったのではないでしょうか。

高校時代にホッケーを始め、ハイレベルの選手や指導者の一端に触れ、実際にプレーする素晴らしさも知り、スポーツの普遍性を実感されました。

五輪運動に関わってみてはいかがですか、と水を向けたことがありました。

英国のエリザベス女王の長女、アン王女は1976年モントリオール夏季五輪の馬術に出場、88年にIOC委員に就任しました。2012年ロンドン五輪の招致成功に貢献、同大会で愛娘のザラさんが総合馬術団体で母国に銀メダルをもたらすと、表彰式のプレゼンターとして登場、母から娘へのメダル授与は大きな話題となりました。欧州、中東のロイヤルファミリーは熱心です。

「IOCって、いろいろなことがあるらしいじゃないですか」

スポーツによって平和を目指す五輪運動の理想が、厳しい国際情勢にさらされる現実を把握されていました。

「よく、考えておきます」

具体的に動き出すかは別にして、情報収集はされている、という手応えを感じ取りました。その矢先でした。旅立たれたのは……。残念でなりません。

高円宮さまは、東京五輪招致成功を喜び、大会の成功を祈っておられることでしょう。

▼スポーツ外交

ホッケーといえば、国際ホッケー連盟常務理事、アジア連盟副会長、日本協会会長などを歴任した上田宗良氏が思い出されます。２０１４年11月、84歳で亡くなると、国際連盟は「ホッケーに人生をささげた偉大なリーダーの死は大きな悲しみである。高潔で人類愛にあふれたミスター・ウエダは我々のなかで生き続けるだろう」という哀悼の意を表しました。

主導権争いが激しいアジア連盟で、巧みなスティックワークを披露するかのように調整に奔走。互いの立場を尊重する原理原則を貫き、各国協会から厚い信頼を得ました。ＪＯＣの国際渉外を担当、的確な情報分析で、１９９８年長野冬季五輪招致成功に尽力、副会長を務めました。

ピンポン外交で米中国交回復を推進した国際卓球連盟の荻村伊智朗会長の遺志を受け継ぎ、国際派スポーツマンとして世界を駆け回りました。

追悼メッセージがアップされているのに、ＪＯＣは「遺族の意向」を理由に亡くなったことを公表しません。弔問のため自宅に伺うと、快く迎え入れてもらいました。時間だけが過ぎていきますので「『上田イズム』は生き続ける」というタイトルのコラムを書きました。一部を紹介します。


ＪＯＣ、競技団体は国際感覚に乏しい、と指摘されるなか、国際卓球連盟の荻村伊智朗会長が米中国交回復に大きく貢献するピンポン外交を推進して、世界から注目を集めた。

上田氏も堪能な語学力をいかして人脈づくりに努めた。ソ連崩壊、東西ドイツ統一など激動する世界情勢に流されることなく、的確な情報分析で、長野冬季五輪招致などの難問を一つ一つクリアしていった。

ホッケーを、スポーツを、こよなく愛した。芯の強さを物腰の柔らかさで包みながら、自らに厳しく、けして対価を求めない信念を貫いた一生だった。

新しい年が明けて、２０２０年東京五輪・パラリンピックに一歩近づいた。成功させる大きな責任を担っているＪＯＣ、各競技団体は識見に富む先達の魂を継承しなければならない。報道に携わる端くれとしても、その思いを誓ってきた。「上田イズム」は永遠である、と。

（15年1月20日　産経新聞）

▼黙とうしないＪＯＣ理事会

拙コラムが掲載された1月20日はＪＯＣ理事会でした。この日午前3時前、男子柔道で１９８４年ロサンゼルス、88年ソウル五輪２大会連続金メダルを獲得した斉藤仁氏が54歳で亡くなりました。

理事会には、ライバルだった山下泰裕氏をはじめ多くのメダリストが出席、会議の冒頭で黙とうすると思われましたが、竹田会長は議事に入り、何事もなかったかのように約90分間で閉会しました。出席者からの提案もありませんでした。

散会後、複数の理事に、なぜ黙とうしなかったかを質しました。

「斉藤さんはＪＯＣの役員をやっていないから」

「言われてみて、初めて気がついた。提案しなかった責任の一端を感じる」

素っ気ない人もいれば、困惑する人もいました。

事務局はどうでしょう。

「会議の前に相談したが、メダリストが亡くなるたびに黙とうしていたら、ということで」

驚くとともに、怒りがこみ上げてきました。日ごろ、「レジェンド、レジェンド」と五輪運動に貢献した人々の功績を永く伝えていかなくては、と言いながら、会議当日に亡くなった偉大なオリンピアンに弔意を示さない、とは。


斉藤氏は指導者としても2004年アテネ、08年北京で柔道監督を務めています。理事であるかないか、など考慮することなどありません。杓子定規であり、あまりにも冷たい判断でした。当日の会議には、山下氏のほか、鈴木大地（競泳）、高田裕司（レスリング）、塚原光男（体操）、荒木田裕子（バレーボール）氏の金メダリストが出席していましたが、誰からも声は上がりませんでした。

生きる者は人の死に接したとき、言葉だけでなく、どのように行動するかが問われます。素直に一歩踏み出せば良いのに、誰も動こうとはしません。さらに、上田副会長の訃報を理事に伝えると、「え、初めて聞いた。昨年11月に？　知らなかった」と絶句するばかり。これが、ＪＯＣのレジェンドへの対応です。

メディアは、斉藤氏を悼む声を伝えましたが、黙とうしなかったことに触れませんでした。型通りの取材で済ませて終わりです。理事会は公開ですから、すべてを目の当たりにしているのに、疑問さえ持たなかったのです。

▼断腸の思いで去る

ＪＯＣには、かつてサムライがいました。

１９５２年ヘルシンキ、56年メルボルン五輪選手団長、日本水泳連盟会長、ＪＯＣ総務主事、64年東京五輪組織委員会事務総長を務めた田畑政治氏です。類いまれな行動力と強力なリーダーシップは多くの人から尊敬されました。国内だけでなく、東京大会で女子バレーを正式種目に採用するように世界を駆け回り、「東洋の魔女」の金メダル獲得への道を開きました。

競泳で世界新記録をマークして「フジヤマのトビウオ」と呼ばれた古橋広之進・元ＪＯＣ会長は大先輩の功績を次のように称えています。

戦後の日本スポーツ界は水泳にとどまらず、予想外に早く復活をみせられたのは、田畑さんのすぐれた手腕によるところが大きい。それが、東京でオリンピック大会を開催するきっかけにもなったと思われる。

（『人間　田畑政治　オリンピックと共に五十年』）

政・官と一線を画す手法と剛腕が反発をかいます。田畑事務総長は組織委の規模を10人前後の少数精鋭で臨もうとしますが、「国家的事業に参画して名を残したい」と自薦他薦の政治家や官僚が次々と名乗りをあげて、2倍以上に膨れ上がりました。さらに、一番の懸案だった資金調達で、組織委の発言力を強めようと、スポーツくじでねん出しようと考えました。60年ローマ五輪視察団から、トトカルチョ（サッカーくじ）の売り上げの一部がイタリア五輪委員会の財政的裏付けになっているとの報告を受けていたのです。「東京大会でも」と調整を図ろうとしましたが、計画段階で外部に漏れ、文部省の「神聖なオリンピックを博打のテラ銭で開くのか」という批判に世論が呼応、あっけなくつぶされてしまいます。

62年の第4回アジア大会（ジャカルタ）は国際政治に翻弄されます。親中国、親アラブのスカルノ大統領は台湾とイスラエルに招請状を送りませんでした。これに、国際陸上競技連盟は「参加すれば除名」と反発、IOCも「期間中に五輪旗を掲げてはならない」と表明しました。

参加か不参加か、苦境に立ったJOCは田畑総務主事を中心に議論を重ね、参加を決断します。閉会後、日本への処分はありませんでしたが、政界から「64年東京五輪を前に混乱を招いた責任は重大だ。スポーツ関係者に任せておいて大丈夫なのか」とバッシングを受けます。

田畑氏はJOC総務主事だけでなく、兼務していた64年東京五輪組織委員会事務総長も辞任するよう迫られます。かねてから、政治家の介入に敢然と戦っていたため、ここぞとばかりにターゲットにされました。

辞めても明鏡止水の心境だと伝えられたのは、全くの嘘である。巧言令色の徒や、自称オリンピック通につけ入られ、力の入れどころを間違えて、各国参加国選手や国内競技団体の不満を爆発させるようなことにならないかと、心配の種は尽きなかった。

我々は、文字通り血の出る思いをしてレールを敷いた。そして、私が走るはずだったレールの上を別の人が走ったのである。

（「スポーツと共に半世紀」体協時報）

政治家、官僚に一歩も譲らず、時には厳しい言葉を投げかけて波紋を呼びましたが、すべてはスポーツ界、五輪成功のためでした。常に前向きで情熱に溢れ、何よりも「責任は自分がとる」という潔さがありました。背筋をピンと伸ばした毅然たる生き方を貫き、断腸の思いで第一線から退きます。

現在のＪＯＣ、競技団体にサムライはいるでしょうか。

▼スキャンダルまみれ

喉に刺さった小骨のように心に引っかかっていました。２０２０年東京五輪・パラリンピック招致をめぐる資金の流れです。開催が近づくにつれ、あの問題はどうなるのだろうか、と思っていました。

19年1月11日、国際オリンピック委員会（ＩＯＣ）委員で、日本オリンピック委員会（ＪＯＣ）の竹田会長が不正に関わった疑いがあるとして、フランスの司法当局が訴追の手続きに入った、というニュースが飛び込んできました。

ついにきたか、どうして、このタイミングか、竹田会長の進退は？　五輪開催に影響はないだろうか、さまざまなことが駆け巡りました。

竹田会長が理事長を務めていた招致委員会が13年7月と10月に、シンガポールのコンサルタント会社「ブラック・タイディングズ（ＢＴ）」に計約2億３０００万円を送金したのは、招致活動をめぐる賄賂ではないか、という疑惑です。

支払いの事実を認めたものの竹田会長は「あくまでもコンサルタント料」と買収工作を否定しています。国会でも取り上げられましたが、ＪＯＣは調査チームを設置して、16年9月に「違法性はない」と結論づけました。

一方、フランスの司法当局は贈賄の疑いがあると、捜査を継続していたのです。なぜなら、スキャンダルまみれの人物が関わっていたからです。

ＩＯＣ元委員で、国際陸上競技連盟前会長のラミン・ディアク氏（セネガル）と息子のパパマッサタ・ディアク氏です。父親はロシアの国家ぐるみのドーピングを隠蔽するための工作に関与したといわれています。息子は16年リオデジャネイロ五輪招致疑惑に登場します。ブラジル五輪委員会会長が贈賄、資金洗浄の罪で起訴されたとき、パパマッサタ氏はブラジルの企業から２００万ドルを受け取り、ＩＯＣ委員の買収に使った、と起訴状で名指しされ

東京五輪招致をめぐる動き

2011年9月	20年五輪招致委発足、竹田氏が理事長に就任
2013年7月	招致委、BT社にロビー活動費9500万円送金
9月	IOC総会で東京開催決定
10月	招致委、BT社に1億3500万円送金
2016年3月	「賄賂か、仏司法当局が捜査」と英国紙報道
5月	JOCが調査チームを設置
9月	JOC「違法性なし」と結論
2017年2月	仏の依頼で東京地検特捜部が竹田会長を任意聴取
2018年12月	仏司法当局、パリで竹田会長を任意聴取
2019年1月	「仏司法当局､竹田会長を賄賂容疑で捜査開始」と仏紙 竹田会長、会見で全否定も質問受け付けず

ました。

この親子とＢＴ社との関係が深く、リオの次は東京に照準を定めたのでは、という見立てがあります。キーポイントは13年10月の支払い時期です。なぜなら、東京が五輪開催都市に選ばれたのは同年9月のブエノスアイレスで開かれたＩＯＣ総会でした。招致が実現した成功報酬だったのではないか。それとも。さらに、パパマッサタ氏はＪＯＣから受け取った金で、パリの宝飾店で宝石や高級腕時計を買い漁り、マネーロンダリングを行った可能性がある、ともいわれています。

▼意思疎通がなかった

ＪＯＣ調査チームの「調査報告書」は竹田氏に成功報酬の支払いの事前説明がなかった、と指摘しています。

本件の金額が、海外コンサルタントの契約金額の平均値である約1億円に比して相対的に高額な合計232万5000米ドルであるにもかかわらず、本件第1契約の実態が成功報酬を別途支払うものであることの事前の説明が理事長の最終的な決済になされていなかったことは、手続きの透明性という観点から、一定の問題がある。そしてその背景として、招致委員会が東京へのオリンピック・パラリンピック招致目的という点では、いわば寄り合い所帯的な雰囲気を呈していたことは否めなかったため、通常の組織であればなされて然るべき相互の意思疎通が十分になされていなかったということを指摘することができよう。

招致委のトップが知らない間に莫大なマネーの流れができあがり、成功報酬を支払ったのは事後承諾だった、と読み取れます。

また、竹田会長は18年12月、フランス司法当局に事情を聴かれたとき、BT社のタン代表を知らないし、会ったこともないと話しました。では、キーパーソンについて見てみましょう。

タン氏が極めて秘匿性の高い情報を入手できる立場にあったことは事実のようであり、ＩＯＣ委員等に関するこれほどの情報網を持つこと自体、ロビーイングコンサルタントとして相当の評価に値するものといえる。これに加え、電通の役職者が、タン氏が２０１５年の北京での世界陸上の招致実績があると述べていることも勘案すると、（アジア地域や国際陸上競技連盟に強いパイプがある＝筆者注）タン氏がこれらの情報に基づく相応のロビーイング活動を行っていたことが推認される。

もっとも、ＢＴ社が有しており、上記情報をタン氏がどのように具体的なロビーイング活動に用いたのか、あるいは、ＩＯＣ委員の実際の投票行動に具体的に結びついたかは（タン氏本人からのヒアリングができなかった以上）本件調査によっても不明というほかない。

調査報告者は世界を股にかける敏腕コンサルタントで、招致成功の功労者と位置付けています。だからこそ、直接本人から事情を聴かなければなりませんが、聴けていません。最重要人物の証言は不可欠です。

▼持論展開、質問受け付けず

報道を受けて、竹田会長は記者会見を開き、改めて全面否定しました。

★東京五輪・パラリンピックの開催準備に影響を与えかねない状況になったことは申し訳ない

★コンサルタント会社の契約決定のプロセスに関与していない

★国会の各委員会で、参考人として詳細に説明している

★JOC調査チームの報告書は、コンサル会社への約2億3000万円の支払いは適切と結論付けた

★18年12月、フランス当局の聴取で、自らの潔白を説明した。今後も捜査に全面協力して潔白を証明したい

約7分間、自らの主張を展開して、質問を全く受け付けず姿を消したため、内外の報道陣が強く反発しました。フランスのAFP通信は「汚職に関与した疑いをかけられているとい

う事実についてさえ触れなかった」、同国のニュースサイトも「自己弁護に終始した」と伝え、国際的なイメージダウンが懸念されています。

▼人材難のJOC、競技団体

竹田氏は2001年10月、JOC会長に就任して、現在71歳です。19年6月の役員改選で「改選時70歳未満」の規定に抵触しますが、東京五輪まで続投することが既定路線です。引き続き会長職にとどまれば、11期目という異例の長期政権になります。

他に人材がいないのでしょうか。誰も手を挙げようとしません。過去には一言居士、うるさ型がいて激しい人事抗争が繰り広げられました。醜い足の引っ張り合いがあったとはいえ、現状を変えようとするエネルギーがほとばしりました。

竹田会長はリーダーシップを発揮するのではなく、神輿に乗るタイプです。けっして「一強」ではありません。本人も周囲にも改革しようとする意欲がなく、波風たてず、現状のままで東京五輪を迎えようとしています。

競技団体を見回しても、自分たちのことしか考えていません。東京五輪閉幕後のビジョンを描ける人材の台頭を熱望していますが、どうでしょうか。

１９８０年モスクワ五輪ボイコットで、国の介入を許した反省から、ＪＯＣは日本体育協会（現・日本スポーツ協会）から完全独立を果たしましたが、この2、3年前から〝先祖返り〟の話を耳にします。

「東京五輪が終わったら、また、スポーツ協会に戻るかもしれん。組織統合したほうが、うまくいくんじゃないの」

「日本スポーツ協会に政界、経済界の太いパイプがあるけど、ＪＯＣは頼りない」

密かに各競技団体への根回しが進んでいるとの情報があります。ＪＯＣは、不穏な動きを阻むことができるでしょうか。そこに、五輪招致疑惑で竹田会長が渦中の人になったのです。

ＩＯＣのマーケティング委員長という要職に就いていますが、ＩＯＣは倫理委員会を開き、本人の弁明を聞きました。現状は「推定無罪」ですが、今後、資格停止の処分を下されるかもしれません。

▼レガシーはどこへ

竹田会長の記者会見取材のため、東京・渋谷の岸記念体育会館へ行きました。１９６４年東京五輪を機に建てられた建物は、大日本体育協会2代目会長でＩＯＣ委員、岸清一の功績を称え、命名されました。正面玄関前庭にある胸像の碑文には次のように書いてあります。

岸先生の遺志による寄附金をもって、昭和16年、お茶の水駅前の土地を求め、本会と傘下競技団体の総合事務所として『岸記念体育会館』を建設し、今日まで、わが国アマチュアスポーツの大本山として重要な役割を果たして来た。

岸先生は、オリンピック東京大会の招致が実現した暁には、大会運営の総本部を本会の事務所と同じ建物のうちに置くことを念願とされていた。オリンピック東京大会の開催を機に、遺志を体し、本会運営の利便をはかるため、由緒あるお茶の水の会館と土地を売却して、東京大会の中心となる土地を求め、新会館を建設した。

日本アマチュアスポーツ育ての親、岸先生の偉業を偲び、新「岸記念体育会館」の落成に際し、この像を建立する。（抜粋）

会見場を後にすると、偉大な先達の記念碑に自然と足が向きました。56年ぶりの東京五輪を開催できるのか、日本のスポーツ界の将来は、と一人佇み、さまざまなことを考えました。「キシタイ」の略称で親しまれた会館は東京五輪・パラリンピックのメインスタジアムとなる新国立競技場近くに新築されたビルに移転して、「ジャパン・スポーツ・オリンピック・スクエア」という名称に変わります。すべてカタカナ、発音するにも覚えるのにも一苦労です。また一つレガシー（遺産）が消えていきます。

岸清一の記念碑もJOCとともに移転して、日本のスポーツ界の行方を見守る

スポーツ取材に30年以上携わってきましたが、いたずらに齢と経験を重ねただけで、満足がいく仕事はできていません。激変するメディアの荒波に翻弄されるばかりです。情報の海に溺れてはならないと、もがき苦しんでいます。浮き沈みを繰り返しながら、ブレない報道を追い求めます。

あとがき

勝者より敗者が好きでした。プロ野球担当記者時代、ヒーローより、サヨナラホームランを打たれた投手や敗軍の将を追いかけていました。

五輪担当になると、「4位」という順位が気になりました。メダリストは語り継がれ、あと一歩届かなかった選手は忘れられていく。金、銀、銅の表彰台は近くて遠い存在なのか、という思いで連載記事を企画、執筆したときでした。

「世界4位じゃないですか、とよく言われるけど、それって許せない。3位との差は大きいんです。死ぬまで、それこそ、墓場まで持っていく悔しさです」

1984年ロサンゼルス五輪競泳女子200メートル平泳ぎで4位に入賞した長崎宏子さんの言葉です。30年の時を重ね、幸福な家庭を築き上げても勝利への執念を持ち続けていました。慰めや同情などいらない、というトップアスリートの誇りに圧倒されました。

長崎さんは小学校6年生で80年モスクワ五輪代表に選ばれましたが、大会ボイコットで幻の代表に。4年後、金メダルの期待を一身に背負った16歳の少女は、表彰台に立てませんでした。

「ずっと泣いていました。『ごめんなさい』と言うのがやっとで、私は、このまま生きていていいのか、と思いました」

新聞、テレビに翻弄され続け、現役を退いても矢が飛んできました。92年バルセロナ五輪で同じ200メートル平泳ぎで優勝した岩崎恭子さんと間違えられ、イベントで「どうして金メダルを持ってきてくれないんですか」と言われたそうです。それも一度や二度ではなく。

大衆は残酷で、貪欲です。ミスリードの責任の一端はメディアにあり、メダル至上主義につながっていきます。2020年東京五輪・パラリンピックを控え、足もとを見つめ直すときではないでしょうか。

何を今さら、とバッシングを受ける覚悟です。スポーツ・ジャーナリズムに一石を投じられれば、という思いで書きました。

背中を押してくれただけでなく、貴重なアドバイスを頂戴した言視舎の杉山尚次氏に感謝します。心の支えになった人に、この本を捧げます。

2019年1月　東京・渋谷の岸記念体育会館の前で。

参考文献・新聞

『スポーツと政治』清川正二　（ベースボール・マガジン社）
『人間　田畑政治　オリンピックと共に五十年』（ベースボール・マガジン社）
『スポーツと共に半世紀』（体協時報）
『日本のスポーツ界は暴力を克服できるか』編者　森川貞夫（かもがわ出版）
『野球は言葉のスポーツ』伊東一雄　馬立勝（中公新書）
『関学・立命・京大　アメフト三国志』（産経新聞出版）
［新聞］
朝日新聞
読売新聞
毎日新聞
日本経済新聞
産経新聞
東京新聞
福島民報
秋田魁新報

報知新聞
サンケイスポーツ
日刊スポーツ
スポーツニッポン
［インターネット］
春日良一の「スポーツ思考」（https://genkina-atelier.com/sp/）
朝日新聞デジタル
YOMIURI ONLINE
デジタル毎日
日経電子版
産経ニュース
スポーツ報知
ニッカンスポーツコム
スポニチ Sponichi　Annex
日刊ゲンダイデジタル

[著者紹介]

津田俊樹（つだ・としき）

1975年産経新聞社入社、プロ野球、五輪担当記者などを経て、東京・大阪本社運動部長、論説委員を歴任、2018年3月に退職。現在、国士舘大政経学部非常勤講師（メディア論、マスコミ論）。元立命館大経営学部客員教授（スポーツビジネス）。15年連続で甲子園ボウルを取材、『関学・立命・京大　アメフト三国志』（産経新聞出版）の監修に携わる。

装丁………長久雅行
DTP制作………勝澤節子
編集協力………田中はるか

ブレないスポーツ報道
ネット時代のジャーナリズムを問う!

発行日❖2019年2月28日　初版第1刷

著者
津田俊樹

発行者
杉山尚次

発行所
株式会社**言視舎**
東京都千代田区富士見2-2-2 〒102-0071
電話03-3234-5997　FAX 03-3234-5957
https://www.s-pn.jp/

印刷・製本
モリモト印刷㈱

ISBN978-4-86565-139-3 C0075

978-4-86565-104-1

新・ラグビーの逆襲

日本ラグビーが「世界をとる日

2019年、ラグビーW杯日本開催に向けて、いま〈日本〉はどういう状態にあるのか？　2015年の奇跡から一転してしまった現状に、「これでいいのか」という警鐘を鳴らす著者が、ラグビーの「世界地図」と歴史的経緯を踏まえ、「これから」の課題を提示。

四六判並製　定価1600円＋税

永田洋光著

978-4-86565-119-5

メジャー・リーグ球団史

ナショナル＆アメリカン・リーグ
30球団の全歴史

本邦初、翻訳ではない書き下ろしの画期的な歴史書！　19世紀に始まり2018年で150年目となるMLBの現在の30球団が歩んできた歴史を丁寧に記述。主な選手、オーナー、監督、名試合のクライマックス場面まで紹介。チームの特徴、性格が手に取るようにわかる。

Ａ５判上製　定価4500円＋税

出野哲也著

978-4-905369-67-7

改訂新版

メジャーリーグ人名事典

画期的な大事典！メジャー・リーグの歴史のなかで活躍した殿堂入りプレイヤー、監督から現役選手まで、約3000名の名選手を網羅。厳しい基準で、真の名選手でないと本事典には掲載されない。タイトルホルダー等のデータも充実。

A5判上製　定価6000円＋税

出野哲也 編著

978-4-86565-078-5

プロ野球
常勝球団の方程式

常勝の９チーム—日本ハム・ソフトバンク・ヤクルト・西武・広島・阪急・ジャイアンツ・西鉄・南海ホークス。独自の評価基準で数値化、５つの視点から分析、新人、外国人選手、監督、補強戦略など常勝球団の３つのタイプとは？

四六判並製　定価1600円＋税

出野哲也著